Proust | Un baiser

Fremdsprachentexte | Französisch

Élisabeth de Riquet de Caraman-Chimay, Comtesse Greffulhe (1860–1952), die auch auf dem Umschlag abgebildet ist. Foto von Paul Nadar, 1895. »J'ai enfin vu hier (chez Mme de Wagram) la comtesse Greffulhe […]. Je n'ai jamais vu une femme aussi belle« (Brief Prousts an Robert de Montesquiou, 28. Juni 1892)

Marcel Proust

Un baiser

Eine abgeschlossene Novelle aus der *Suche nach der verlorenen Zeit*

Mit einem Dossier zu Autor und Werk
und 25 Abbildungen
herausgegeben von Dieter Meier

Reclam

RECLAMS UNIVERSAL-BIBLIOTHEK Nr. 14166
2021 Philipp Reclam jun. Verlag GmbH,
Siemensstraße 32, 71254 Ditzingen

Umschlagabbildung: Porträt der Gräfin Élisabeth Greffulhe
von Paul Berthier (um 1887, Ausschnitt, © 2015 Yvette Gauthier)

Gestaltung: Cornelia Feyll, Friedrich Forssman
Druck und Bindung: Eberl & Koesel GmbH & Co. KG,
Am Buchweg 1, 87452 Altusried-Krugzell
Printed in Germany 2021

ISBN 978-3-15-014166-3
www.reclam.de

Bien que ce fût simplement un dimanche d'automne, je venais de renaître, l'existence était intacte devant moi, car, dans la matinée, après une série de jours doux, il avait fait un brouillard froid qui ne s'était levé que vers midi: or un changement de temps suffit à recréer le monde et nous-mêmes. Jadis, quand le vent soufflait dans ma cheminée, j'écoutais les coups qu'il frappait contre la trappe avec autant d'émotion que si, pareils aux fameux coups d'archet par lesquels débute la cinquième Symphonie, ils avaient été les appels irrésistibles d'un mystérieux destin. Tout changement à vue de la nature nous offre une transformation semblable, en adaptant au mode nouveau des choses nos désirs harmonisés. La brume, dès le réveil, avait fait de moi, au lieu de l'être centrifuge qu'on est par les beaux jours, un homme replié, désireux du coin du feu et du lit partagé, Adam frileux en quête d'une Ève▸ sédentaire, dans ce monde différent.

4 **or:** nun (aber). | 6 **jadis** (adv.): einst, früher. | 7 **la trappe:** (Schornstein-)Klappe. | 8 **l'archet** (m.): (Geigen-)Bogen. | 9 **la cinquième Symphonie:** Beethovens 5. Symphonie, die »Schicksalssymphonie« (Beethoven soll zu diesen »Hieben der Streicher« erklärt haben, dass so das Schicksal anklopft). | 10 **l'appel** (m.): hier: Ruf. | 11 **le changement à vue** (f.): plötzlicher Wechsel. | 13 **harmoniser qc:** etwas aufeinander abstimmen. | **la brume:** Dunst, Nebel. | 14 **centrifuge** (m./f.): zentrifugal. | 15 **replié, e:** auf sich selbst zurückgezogen (*se replier sur soi-même:* sich von der Außenwelt abschotten). | **le coin du feu** (fig.): Zuhause; heimische Gemütlichkeit. | 16 **frileux, -euse:** fröstelnd. | **en quête** (f.) **de qn/qc:** auf der Suche nach jdm./etwas. | **Ève:** Erläuterungen zu den mit einem kleinen Pfeil versehenen Orts- und Personennamen stehen im Verzeichnis S. 69 ff. | **sédentaire:** sesshaft, häuslich.

Entre la couleur grise et douce d'une campagne matinale et le goût d'une tasse de chocolat, je faisais tenir toute l'originalité de la vie physique, intellectuelle et morale que j'avais apportée une année environ auparavant à Doncières‣, et qui, blasonnée de la forme oblongue d'une colline pelée – toujours présente même quand elle était invisible – formait en moi une série de plaisirs entièrement distincte de tous autres, indicibles à des amis en ce sens que les impressions richement tissées les unes dans les autres qui les orchestraient, les caractérisaient bien plus pour moi et à mon insu que les faits que j'aurais pu raconter. À ce point de vue le monde nouveau dans lequel le brouillard de ce matin m'avait plongé était un monde déjà connu de moi, ce qui ne lui donnait que plus de vérité, et oublié depuis quelque temps, ce qui lui rendait toute sa fraîcheur. Et je pus regarder quelques-uns des tableaux de brume que ma mémoire avait acquis, notamment, des «Matin à Doncières», soit le premier jour au quartier, soit une autre fois, dans un château voisin où Saint-Loup‣ m'avait emmené passer vingt-quatre heures: de la fenêtre dont j'avais soulevé les rideaux à l'aube, avant de me recoucher, dans le premier tableau, un cavalier, dans le second, un cocher en train d'astiquer une

5 **blasonner:** blasonieren (ein Wappen [*le blason*] beschreiben oder ausmalen). | **oblong, -longue:** länglich. | **pelé, e:** kahl. | 7 **distinct, e:** verschieden. | 8 **indicible:** unsagbar, nicht mitteilbar. | 9 **tisser qc:** etwas weben. | 9 f. **orchestrer qc:** etwas instrumentieren; hier etwa: etwas (mit Musik) untermalen. | 10 **à l'insu de qn:** ohne dass jd. es weiß. | 12 f. **plonger qn/qc dans qc:** jdn./etwas in etwas eintauchen lassen. | 17 **«Matin à …»:** häufiger Titel von Gemälden (*les tableaux*) jener Zeit. | 22 **le cavalier / la cavalière:** Reiter(in). | **le cocher:** Kutscher. | **astiquer qc:** etwas wienern/blankreiben.

courroie sur une mince lisière d'étang ou de bois dont tout le reste était englouti dans la douceur uniforme et liquide de la brume, m'étaient apparus comme ces rares personnages, à peine distincts pour l'œil obligé de se faire au vague mystérieux des pénombres, et qui émergent d'une fresque effacée.

C'est de mon lit que je regardais aujourd'hui ces souvenirs, car je m'étais recouché pour attendre le moment où, profitant de l'absence de mes parents, partis pour quelques jours à Combray▸, je comptais ce soir même aller entendre une petite pièce qu'on jouait chez Mme de Villeparisis▸. Eux revenus, je n'aurais peut-être pas osé le faire; ma mère▸, dans les scrupules de son respect pour le souvenir de ma grand'mère▸, voulait que les marques de regret qui lui étaient données, le fussent librement, sincèrement; elle ne m'aurait pas défendu cette sortie, elle l'eût désapprouvée. De Combray au contraire, consultée, elle ne m'eût pas répondu par un triste: «Fais ce que tu veux, tu es assez grand pour savoir ce que tu dois faire», mais se reprochant de m'avoir laissé seul à Paris▸, et jugeant mon chagrin d'après

1 **la courroie:** Riemen. | **la lisière:** (Web-)Kante, Rand. | 2 **engloutir qn/qc:** jdn./etwas verschlingen. | **uniforme** (m./f.): gleichförmig. | 4 **se faire à qc:** sich an etwas gewöhnen. | 5 **la pénombre:** Dämmerlicht. | **émerger de qc:** aus etwas auftauchen. | **la fresque:** Fresko. | 6 **effacé, e:** hier: verblasst. | 10 **compter faire qc:** vorhaben, etwas zu tun; etwas zu tun gedenken. | 11 **la pièce:** hier: Musikstück. | 12 **eux revenus:** wenn sie erst einmal zurück waren. | 13 **le souvenir:** hier: Angedenken (die Großmutter mütterlicherseits ist kurz vorher gestorben). | 14 **la marque:** Spur, Abdruck. | **le regret:** hier: Trauer. | 15 **fussent:** 3. Pers. Pl. des *subjonctif imparfait*; zu den sprachlichen Besonderheiten siehe die Editorische Notiz, S. 49. | **librement:** hier: freiwillig. | 16 **désapprouver qc:** etwas missbilligen.

le sien, elle eût souhaité pour lui des distractions qu'elle se fût refusées à elle-même et qu'elle se persuadait que ma grand'mère, soucieuse avant tout de ma santé et de mon équilibre nerveux, m'eût conseillées. Depuis le matin on avait allumé le nouveau calorifère à eau. Son bruit désagréable qui poussait de temps à autre une sorte de hoquet n'avait aucun rapport avec mes souvenirs de Doncières. Mais sa rencontre prolongée avec eux, en moi, cet après-midi, allait lui faire contracter à leur égard une affinité telle que chaque fois que, déshabitué de lui j'entendrais de nouveau le chauffage central, il me les rappellerait.

Il n'y avait à la maison que Françoise‣. Le jour gris tombant comme une pluie fine, tissait sans arrêt de transparents filets dans lesquels les promeneurs dominicaux semblaient s'argenter. Malgré l'absence du soleil, l'intensité du jour m'indiquait que nous n'étions encore qu'au milieu de l'après-midi. Les rideaux de tulle de la fenêtre, vaporeux et friables, comme ils n'auraient pas été par un beau temps, avaient ce même mélange de douceur et de cassant qu'ont les ailes de libellules et les verres de Venise‣. Il me pesait d'autant plus d'être seul ce dimanche-là que j'avais fait por-

3 **soucieux, -euse de:** bedacht auf. | 4 **nerveux, -euse:** nervlich, Nerven… | 5 **le calorifère:** Heizungsanlage. | 6 **le °hoquet:** Schluckauf. | 9 **contracter qc:** etwas annehmen/eingehen. | **à l'égard de qn:** gegenüber/zu jdm.; was jdn. betrifft. | **une affininité telle que …:** eine solche Verwandtschaft, dass … (*l'affinité* [f.]: [Wesens-]Verwandtschaft). | 10 **déshabitué, e de qc:** einer Sache entwöhnt. | 14 **le filet:** feiner, dünner Strahl/Faden. | **dominical, e:** sonntäglich. | 15 **s'argenter:** sich mit Silber überziehen. | 17 **vaporeux, -euse:** dunstig; hier (fig.): duftig. | 18 **friable:** brüchig. | 19 **le cassant:** Sprödigkeit. | 20 **la libellule:** Libelle. | **le verre de Venise:** venezianisches Glas, Muranoglas. | **peser à qn:** jdn. bedrücken.

ter le matin une lettre à Mlle de Stermaria▸. Robert de Saint-Loup, que sa mère avait réussi à faire rompre, après de douloureuses tentatives avortées, avec sa maîtresse▸, et qui depuis ce moment avait été envoyé au Maroc▸ pour oublier celle qu'il n'aimait déjà plus depuis quelque temps, m'avait écrit un mot, reçu la veille, où il m'annonçait sa prochaine arrivée en France pour un congé très court. Comme il ne ferait que toucher barre à Paris (où sa famille craignait sans doute de le voir renouer avec Rachel▸), il m'avertissait, pour me montrer qu'il avait pensé à moi, qu'il avait rencontré à Tanger, Mlle ou plutôt Mme de Stermaria, car elle avait divorcé après trois mois de mariage. Et Robert se souvenant de ce que je lui avais dit à Balbec▸, avait demandé de ma part un rendez-vous à la jeune femme. Elle dînerait très volontiers avec moi, lui avait-elle répondu, l'un des jours que, avant de regagner la Bretagne▸, elle passerait à Paris. Il me disait de me hâter d'écrire à Mme de Stermaria car elle était certainement arrivée. La lettre de Saint-Loup ne m'avait pas étonné bien que je n'eusse pas reçu de nouvelles de lui, depuis qu'au moment de la maladie de ma grand'mère il m'avait accusé de perfidie et de trahison. J'avais très bien compris alors ce qui s'était passé. Rachel qui aimait à exciter

3 **la tentative:** Versuch. | **avorter:** scheitern, misslingen. | 6 **le mot:** hier: ein paar Zeilen. | 7 **comme:** hier (conj.): da. | 8 **toucher barre** (f.): sich nur kurz aufhalten (der Ausdruck kommt vom *jeu de barres*, dem Barlaufspiel, bei dem man durch Abschlagen einen gegnerischen Spieler gefangennimmt oder einen eigenen Spieler befreit; die Spielfelder sind durch eine Linie [*la barre*] getrennt). | 8 f. **sans doute:** gewiss, sicherlich; sehr häufig bei Proust (*le doute:* Zweifel; »zweifellos« heißt jedoch *sans aucun doute*). | 9 **renouer avec qn:** die Beziehung zu jdm. wieder aufnehmen. | 16 **regagner un endroit:** an einen Ort zurückkehren. | 21 **la perfidie:** Treulosigkeit. | **la trahison:** Verrat, Treuebruch.

sa jalousie – elle avait des raisons accessoires aussi de m'en vouloir – avait persuadé à son amant que j'avais fait des tentatives sournoises pour avoir, pendant l'absence de Robert, des relations avec elle. Il est probable qu'il continuait à croire que c'était vrai, mais il avait cessé d'être épris d'elle, de sorte que vrai ou non cela lui était devenu parfaitement égal et que notre amitié seule subsistait. Quand une fois que je l'eus revu, je voulus essayer de lui parler de ses reproches, il eut seulement un bon et tendre sourire par lequel il avait l'air de s'excuser, puis il changea de conversation. Ce n'est pas qu'il ne dût un peu plus tard, quand il fut à Paris, revoir quelquefois Rachel. Les créatures qui ont joué un grand rôle dans notre vie, il est rare qu'elles en sortent tout d'un coup d'une façon définitive. Elles reviennent s'y poser par moments (au point que certains croient à un recommencement d'amour) avant de la quitter à jamais. La rupture de Saint-Loup avec Rachel lui était très vite devenue moins douloureuse, grâce au plaisir apaisant que lui apportaient les incessantes demandes d'argent de son amie. La jalousie, qui prolonge l'amour ne peut pas contenir beaucoup plus de choses que les autres formes de l'imagination. Si l'on emporte, quand on part en voyage, trois ou quatre images, qui du reste se perdront en route (les lys et les anémones du Ponte Vecchio‣, l'église persane dans les brumes,

1 **accessoire** (m./f.): nebensächlich; zusätzlich. | 1 f. **en vouloir à qn:** jdm. böse sein. | 3 **sournois, e:** hinterhältig. | 5 **être épris, e de qn:** in jdn. verliebt/vernarrt sein. | 7 **subsister:** weiter bestehen, fortbestehen. | 10 f. **changer de conversation** (f.): das Thema wechseln. | 15 **au point que …:** in solchem Maße/Grade, dass … | 17 **la rupture:** Bruch. | 18 **apaisant, e:** begütigend, beruhigend. | 19 **incessant, e:** unaufhörlich. | 23 **le lys:** Lilie. | 24 **persan, e:** persisch.

etc.), la malle est déjà bien pleine. Quand on quitte une maîtresse, on voudrait bien, jusqu'à ce qu'on l'ait un peu oubliée, qu'elle ne devînt pas la possession de trois ou quatre entreteneurs possibles et qu'on se figure, c'est-à-dire dont on est jaloux. Tous ceux qu'on ne se figure pas ne sont rien. Or, les demandes d'argent fréquentes d'une maîtresse quittée ne vous donnent pas plus une idée complète de sa vie que des feuilles de température élevée ne donneraient de sa maladie. Mais les secondes seraient tout de même un signe qu'elle est malade et les premières fournissent une présomption, assez vague, il est vrai, que la délaissée ou délaisseuse n'a pas dû trouver grand'chose comme riche protecteur. Aussi, chaque demande est-elle accueillie avec la joie que produit une accalmie dans la souffrance du jaloux, et suivie immédiatement d'envois d'argent, car on veut qu'elle ne manque de rien, sauf d'amants (d'un des trois amants qu'on se figure), le temps de se rétablir un peu soi-même et de pouvoir apprendre sans faiblesse le nom du successeur. Quelquefois Rachel revint assez tard dans la soirée pour demander à son ancien amant la permission de dormir à côté de lui jusqu'au matin. C'était une grande douceur pour Robert, car il se rendait compte combien ils avaient tout de même vécu intimement ensemble, rien qu'à voir que, même s'il prenait à lui seul une grande moitié du lit, il ne la dérangeait en rien pour dormir. Il comprenait

1 **la malle:** (großer) Koffer. | 4 **l'entreteneur** (m.): Gönner (*entretenir qn:* jdn. aushalten). | 9 **le second / la seconde:** Letztere(r, s). | 11 **la présomption:** Mutmaßung, Annahme. | **délaisser qn:** jdn. verlassen / sitzen lassen. | 13 **aussi:** hier (conj.): daher. | 14 **l'accalmie** (f.): Nachlassen, vorübergehende Beruhigung. | 17 **le temps de …:** nur, um einen Augenblick … | 23 **rien qu'à …:** wenn man nur …

qu'elle était, près de son corps, plus commodément qu'elle n'eût été ailleurs, qu'elle se retrouvait à son côté – fût-ce à l'hôtel – comme dans une chambre anciennement connue où l'on a ses habitudes, où on dort mieux. Il sentait que ses épaules, ses jambes, tout lui, étaient pour elle, même quand il remuait trop par insomnie ou travail à faire, de ces choses si parfaitement usuelles qu'elles ne peuvent gêner et que leur perception ajoute encore à la sensation du repos.

Pour revenir en arrière, j'avais été d'autant plus troublé par la lettre de Robert que je lisais entre les lignes ce qu'il n'avait pas osé écrire plus explicitement. «Tu peux très bien l'inviter en cabinet particulier, me disait-il. C'est une jeune personne charmante, d'un délicieux caractère, vous vous entendrez parfaitement et je suis certain d'avance que tu passeras une très bonne soirée.» Comme mes parents rentraient à la fin de la semaine, samedi ou dimanche, et qu'après je serais forcé de dîner tous les soirs à la maison, j'avais aussitôt écrit à Mme de Stermaria pour lui proposer le jour qu'elle voudrait, jusqu'à vendredi. On avait répondu que j'aurais une lettre, vers huit heures ce soir même. Je l'aurais atteint assez vite si j'avais eu pendant l'après-midi qui me séparait de lui le secours d'une visite. Quand les heures s'enveloppent de causeries, on ne peut plus les mesurer, même les voir, elles s'évanouissent et tout d'un coup c'est bien loin du point où il vous avait échappé que reparaît

2 **fût-ce:** und sei es auch. | 6 **l'insomnie** (f.): Schlaflosigkeit. | 7 **usuel, le:** üblich, gewohnt. | 12 **le cabinet particulier:** Séparée (*le cabinet:* kleines Nebenzimmer). | 17 **que:** steht für die Konjunktion *comme*, um diese nicht wiederholen zu müssen. | 18 **aussitôt:** sogleich. | 23 **la causerie:** Plauderei, Geplauder (*causer:* plaudern). | 24 **s'évanouir:** sich auflösen, zerrinnen.

devant votre attention le temps agile et escamoté. Mais si nous sommes seuls, la préoccupation en ramenant devant nous le moment encore éloigné et sans cesse attendu, avec la fréquence et l'uniformité d'un tic-tac, divise ou plutôt multiplie les heures par toutes les minutes qu'entre amis nous n'aurions pas comptées. Et confronté, par le retour incessant de mon désir, à l'ardent plaisir que je goûterais dans quelques jours seulement, hélas! avec Mme de Stermaria, cet après-midi que j'allais achever seul, me paraissait bien vide et bien mélancolique.

Par moments j'entendais le bruit de l'ascenseur qui montait, mais il était suivi d'un second bruit, non celui que j'espérais, l'arrêt à mon étage, mais d'un autre fort différent que l'ascenseur faisait pour continuer sa route élancée vers les étages supérieurs et qui, parce qu'il signifia si souvent la désertion du mien quand j'attendais une visite, est resté pour moi plus tard et même quand je n'en désirais plus aucune, un bruit par lui-même douloureux, où résonnait comme une sentence d'abandon. Lasse, résignée, occupée pour plusieurs heures encore à sa tâche immémoriale, la grise journée filait sa passementerie de nacre et je m'attristais de penser que j'allais rester seul en tête à tête avec elle

1 **agile** (m./f.): flink. | **escamoter qc:** etwas verschwinden lassen / wegzaubern. | 2 **la préoccupation:** Besorgnis (*préoccuper qn:* jdn. stark beschäftigen). | 3 **sans cesse** (adv.): unaufhörlich. | 4 **l'uniformité** (f.): Gleichförmigkeit. | 7 **ardent, e:** glühend (*l'ardeur* [f.]: Glut, [fig.] Eifer). | 14 **s'élancer:** sich stürzen; stürmen; (fig.) sich emporschwingen. | 16 **la désertion:** hier: Verlassen, Aufgeben. | 18 **résonner:** widerhallen. | 19 **la sentence d'abandon** (m.): etwa: Verurteilung zur Aussetzung. | 20 **immémorial, e:** uralt. | 21 **filer qc:** etwas spinnen. | **la passementerie:** Posamente (Zierbänder, Borten usw.). | **le nacre:** Perlmutt. | 21 f. **s'attrister:** betrübt werden.

qui ne me connaissait pas plus qu'une ouvrière qui, installée près de la fenêtre pour voir plus clair en faisant sa besogne, ne s'occupe nullement de la personne présente dans la chambre. Tout d'un coup, sans que j'eusse entendu sonner, Françoise vint ouvrir la porte, introduisant Albertine▸ qui entra souriante, silencieuse, replète, contenant dans la plénitude de son corps, préparés pour que je continuasse à les vivre, venus vers moi, les jours passés dans ce Balbec où je n'étais jamais retourné. Sans doute chaque fois que nous revoyons une personne avec qui nos rapports – si insignifiants soient-ils – se trouvent changés, c'est comme une confrontation de deux époques. Il n'y a pas besoin pour cela qu'une ancienne maîtresse vienne nous voir en amie, il suffit de la visite à Paris de quelqu'un que nous avons connu dans l'au jour le jour de la vie et que cette vie ait cessé, fût-ce depuis une semaine seulement. Sur chaque trait rieur, interrogatif et gêné du visage d'Albertine, je pouvais épeler ces questions: «Et Mlle de Villeparisis? Et le maître de danse? Et le pâtissier?» Quand elle s'assit son dos eut l'air de dire: «Dame, il n'y a pas de falaise ici, vous permettez que je m'asseye tout de même près de vous, comme j'aurais fait à Balbec?» Elle semblait une magicienne me présentant un miroir du temps. En tout cela elle était pareille à tous ceux que nous revoyons rarement, mais qui jadis vécurent plus intimement avec nous. Mais avec Albertine il y avait

2f. **la besogne:** Arbeit. | 6 **replet, -ète:** rundlich. | 7 **la plénitude:** Fülle. | 10f. **insignifiant, e:** unbedeutsam, bedeutungslos. | 15 **l'au jour le jour** (m.): etwa: das tagtägliche Einerlei. | 16 **rieur, -euse:** fröhlich, lachend. | 16f. **interrogatif, -ive:** fragend. | 17 **gêné, e:** verlegen. | 20 **dame:** allerdings!, na! | **la falaise:** Steilküste. | 22 **le magicien / la magicienne:** Zauber(in).

plus que cela. Certes, même à Balbec, dans nos rencontres presque quotidiennes, j'étais toujours surpris en l'apercevant tant elle était journalière. Mais maintenant on avait peine à la reconnaître. Dégagés de la vapeur rose qui les baignait, ses traits avaient sailli comme une statue. Elle avait un autre visage, ou plutôt elle avait enfin un visage; son corps avait grandi. Il ne restait presque plus rien de la gaine où elle avait été enveloppée et sur la surface de laquelle à Balbec sa forme future se dessinait à peine.

Albertine, cette fois, rentrait à Paris plus tôt que de coutume. D'ordinaire elle n'y arrivait qu'au printemps, de sorte que déjà troublé depuis quelques semaines par les orages sur les premières fleurs, je ne séparais pas, dans le plaisir que j'avais, le retour d'Albertine et celui de la belle saison. Il suffisait qu'on me dise qu'elle était à Paris et qu'elle était passée chez moi pour que je la revisse comme une rose au bord de la mer. Je ne sais trop si c'était le désir de Balbec ou d'elle qui s'emparait de moi alors, peut-être le désir d'elle étant lui-même une forme paresseuse, lâche et incomplète de posséder Balbec comme si posséder matériellement une chose, faire sa résidence d'une ville, équivalait à la posséder spirituellement. Et d'ailleurs, même matériellement, quand elle était non plus balancée par mon imagination devant l'horizon marin, mais immobile auprès de moi, elle me

1 **certes** (adv.): gewiss, zwar. | 3 **journalier, -ière:** täglich; hier: täglich sich verändernd, täglich neu. | 4 **se dégager de qc:** sich von etwas befreien / frei machen. | 5 **saillir:** hervortreten (Gesichtszüge usw.). | 7 **la gaine:** (Schutz-)Hülle. | 9 **se dessiner:** sich abzeichnen. | 10 f. **de coutume:** gewöhnlich (*la coutume:* Brauch, Gewohnheit). | 18 **s'emparer de qn:** sich jds. bemächtigen. | 21 **équivaloir à qc:** etwas gleichkommen. | 23 **balancer:** schaukeln, hin und her schwingen.

semblait souvent une bien pauvre rose devant laquelle j'aurais bien voulu fermer les yeux pour ne pas voir tel défaut des pétales et pour croire que je respirais sur la plage.

Je peux le dire ici, bien que je ne susse pas alors ce qui ne devait arriver que dans la suite. Certes, il est plus raisonnable de sacrifier sa vie aux femmes qu'aux timbres-poste, aux vieilles tabatières, même aux tableaux et aux statues. Seulement l'exemple des autres collections devrait nous avertir de changer, de n'avoir pas une seule femme, mais beaucoup. Ces mélanges charmants qu'une jeune fille fait avec une plage, avec la chevelure tressée d'une statue d'église, avec une estampe, avec tout ce à cause de quoi on aime en l'une d'elles, chaque fois qu'elle entre, un tableau charmant, ces mélanges ne sont pas très stables. Vivez tout à fait avec la femme et vous ne verrez plus rien de ce qui vous l'a fait aimer; certes les deux éléments désunis, la jalousie peut à nouveau les rejoindre. Si après un long temps de vie commune je devais finir par ne plus voir en Albertine qu'une femme ordinaire, quelque intrigue d'elle avec un être qu'elle eût aimé à Balbec eût peut-être suffi pour réincorporer en elle, et amalgamer la plage et le déferlement du flot. Seulement ces mélanges secondaires ne ravissent plus nos yeux, c'est à notre cœur qu'ils sont sensibles et

2 **le défaut:** Fehler, Makel. | 3 **le pétale:** Blütenblatt. | 7 **la tabatière:** Tabakdose. | 9 **avertir qn de faire qc:** jdm. dazu raten, etwas zu tun. | 11 **tresser qc:** etwas flechten. | 12 **l'estampe** (f.): Kupferstich. | 16 **désunir qc:** etwas entzweien/trennen. | 18 **finir par faire qc:** schließlich/zuletzt (doch) etwas tun. | 19 **l'intrigue** (f.): hier: Liebesabenteuer, Affäre. | 20 f. **réincorporer:** wieder eingliedern. | 21 **amalgamer:** verschmelzen. | **le déferlement:** Branden (*déferler:* branden). | 22 **le flot:** Flut. | 23 **sensible:** hier: wahrnehmbar.

funestes. On ne peut, sous une forme si dangereuse, trouver souhaitable le renouvellement du miracle. Mais j'anticipe les années. Et je dois seulement ici regretter de n'être pas resté assez sage pour avoir eu simplement ma collection de femmes comme on a des lorgnettes anciennes, jamais assez nombreuses derrière une vitrine ou toujours une place vide attend une lorgnette nouvelle et plus rare.

Contrairement à l'ordre habituel de ses villégiatures cette année Albertine venait directement de Balbec et encore y était-elle restée bien moins tard que d'habitude. Il y avait longtemps que je ne l'avais vue. Et comme je ne connaissais pas, même de nom, les personnes qu'elle fréquentait à Paris, je ne savais rien d'elle pendant les périodes où elle restait sans venir me voir. Celles-ci étaient souvent assez longues. Puis un beau jour, surgissait brusquement Albertine dont les roses apparitions et les silencieuses visites me renseignaient assez peu sur ce qu'elle avait pu faire dans leur intervalle, et qui restait plongé dans cette obscurité de sa vie que mes yeux ne se souciaient guère de percer.

Cette fois-ci pourtant, certains signes semblaient indiquer que des choses nouvelles avaient dû se passer dans cette vie. Mais il fallait peut-être tout simplement induire d'eux qu'on change très vite à l'âge qu'avait Albertine. Par exemple, son intelligence se montrait mieux et quand je lui

1 **funeste** (m./f.): verhängnis-/unheilvoll. | 2 **le renouvellement:** Erneuerung. | 2 f. **anticiper qc:** einer Sache vorgreifen, eine Sache vorwegnehmen. | 4 **sage** (m./f.): hier: weise. | 5 **la lorgnette:** Opernglas. | 8 **la villégiature:** Sommerfrische. | 9 **encore:** hier: noch dazu. | 12 **fréquenter qn:** mit jdm. Umgang haben / verkehren. | 15 **surgir:** auftauchen. | **brusquement:** unerwartet. | 19 **percer qc:** etwas durchdringen. | 22 **induire qc de qc:** etwas aus einer Sache ableiten.

reparlai du jour où elle avait mis tant d'ardeur à imposer son idée de faire écrire par Sophocle▸: «Mon cher Racine▸», elle fut la première à rire de bon cœur. «C'est Andrée▸ qui avait raison, j'étais stupide, dit-elle, il fallait que Sophocle écrive: «Monsieur». Je lui répondis que le «monsieur» et le «cher monsieur» d'Andrée n'étaient pas moins comiques que son «mon cher Racine» à elle, et le «mon cher ami» de Gisèle▸, mais qu'il n'y avait, au fond, de stupides que des professeurs faisant encore adresser par Sophocle une lettre à Racine. Là, Albertine ne me suivit plus. Elle ne voyait pas ce que cela avait de bête; son intelligence s'entr'ouvrait mais n'était pas développée. Il y avait des nouveautés plus attirantes en elle; je sentais, dans la même jolie fille qui venait de s'asseoir près de mon lit, quelque chose de différent; et dans ces lignes qui parmi le regard et les traits du visage expriment la volonté habituelle, un changement de front, une demi-conversion comme si avaient été détruites ces résistances contre lesquelles je m'étais brisé à Balbec, un soir déjà lointain où nous formions un couple symétrique mais inverse de celui de l'après-midi actuelle, puisque alors c'était elle qui était couchée et moi à côté de son lit. Voulant et n'osant m'assurer si maintenant elle se laisserait embrasser, chaque fois qu'elle se levait pour partir je lui demandais

1 **imposer qc à qn:** jdm. etwas aufdrängen. | 3 **de bon cœur** (m.): aus vollem Herzen. | 11 **s'entr'ouvrir:** sich ein wenig öffnen. | 16 f. **une demie-conversion:** eine halbe Verwandlung, ein halber Sinneswandel (*la conversion:* Konversion, Bekehrung; Umwandlung). | 18 **se briser contre qc:** sich an etwas brechen (Wellen); (fig.) an etwas scheitern (*briser:* [zer]brechen). | 18 f. **un soir déjà lointain:** Anspielung auf die Szene im Hotel in Balbec (*Im Schatten junger Mädchenblüte*, S. 687 f.), in der Albertine ihm den Kuss verweigert.

de rester encore. Ce n'était pas très facile à obtenir car bien qu'elle n'eût rien à faire (sans cela, elle eût bondi au dehors), elle était une personne exacte et d'ailleurs peu aimable avec moi, ne semblant guère se plaire dans ma compagnie. Pourtant chaque fois, après avoir regardé sa montre, elle se rasseyait, à ma prière, de sorte qu'elle avait passé plusieurs heures avec moi et sans que je lui eusse rien demandé; les phrases que je lui disais se rattachaient à celles que je lui avais dites pendant les heures précédentes, et ne rejoignaient en rien ce à quoi je pensais, ce que je désirais, lui restaient indéfiniment parallèles. Il n'y a rien comme le désir pour empêcher les choses qu'on dit d'avoir aucune ressemblance avec ce qu'on a dans la pensée. Le temps presse et pourtant il semble qu'on veuille gagner du temps en parlant de sujets absolument étrangers à celui qui nous préoccupe. On cause, alors que la phrase qu'on voudrait prononcer serait déjà accompagnée d'un geste, à supposer même que pour se donner le plaisir de l'immédiat et assouvir la curiosité qu'on éprouve à l'égard des réactions qu'il amènera – sans mot dire, sans demander aucune permission, on ne faisait pas silencieusement ce geste. Certes je n'aimais nullement Albertine; fille de la brume du dehors, elle pouvait seulement contenter le désir imaginatif que le temps

2 **bondir:** springen. | 6 **à la prière de qn:** auf jds. Bitte hin. | 8 **se rattacher à qc:** sich an etwas anschließen. | 9 **précedent, e:** vorherig; hier: vergangen. | 9 f. **rejoindre:** zusammenwachsen. | 11 **indéfiniment:** auf unbestimmte Zeit; (fam.) ewig. | 13 **presser:** eilen, drängen. | 17 **le geste:** (Hand-)Bewegung, Gebärde. | 17 f. **à supposer que …:** angenommen …, vorausgesetzt … | 18 **l'immédiat** (m.): das Sofortige, Unmittelbare (*immédiat, e:* unmittelbar). | **assouvir:** stillen (Hunger, Durst). | 20 **sans mot** (m.) **dire:** wortlos.

nouveau avait éveillé en moi et qui était intermédiaire entre les désirs que peuvent satisfaire d'une part les arts de la cuisine et ceux de la sculpture monumentale, car il me faisait rêver à la fois de mêler à ma chair une matière différente et chaude, et d'attacher par quelque point à mon corps étendu un corps divergent, comme le corps d'Ève tenait à peine par les pieds à la hanche d'Adam, au corps duquel elle est presque perpendiculaire dans ces bas-reliefs romans de la cathédrale de Balbec qui figurent d'une façon si noble et si paisible, presque encore comme une frise antique, la création de la femme; Dieu y est partout suivi, comme par deux ministres, de deux petits anges dans lesquels on reconnaît, – telles ces créatures ailées et tourbillonnantes de l'été que l'hiver a surprises et épargnées, – des amours d'Herculanum‣ encore en vie en plein XIIIe siècle, et traînant leur dernier vol las mais ne manquant pas à la grâce qu'on peut attendre d'eux, sur toute la façade du porche.

Or, ce plaisir qui en accomplissant mon désir m'eût délivré de cette rêverie, et que j'eusse tout aussi volontiers cherché en n'importe quelle autre jolie femme, si l'on

1 **éveillér qc en qn:** etwas in jdm. wachrufen. | **intermédiaire** (m./f.): dazwischenliegend. | 4 **la chair:** (lebendes) Fleisch. | 6 **divergent, e:** abweichend, gegensätzlich. | 7 **la °hanche:** Hüfte. | 8 **perpendiculaire** (m./f.): rechtwinklig. | **le bas-relief:** Flachrelief. | 9 **figurer qc:** etwas bildlich darstellen. | 10 **la frise:** Fries. | 12 **le ministre:** hier: Gehilfe. | 13 **tels/telles ces …:** gleich jenen … | **ailé, e:** geflügelt. | **tourbillonner:** umherwirbeln/-schwirren. | 14 **épargner qn/qc:** hier: jdn./etwas verschonen. | **l'amour** (m.): hier: Amorette (kleiner Amor). | 15 **traîner:** hier: dahinziehen. | 16 **las, se:** erschöpft, müde. | 17 **le porche:** (Kirchen-)Portal. | 18 **accomplir qc:** etwas erfüllen/vollenden (*l'accomplissement* [f.]: Erfüllung). | 20 **n'importe quel, le** (adj.): jede(r, s) x-beliebige.

m'avait demandé sur quoi – au cours de ce bavardage interminable où je taisais à Albertine la seule chose à laquelle je pensasse, se basait mon hypothèse optimiste au sujet des complaisances possibles de la jeune fille, j'aurais peut-être répondu que cette hypothèse était due, (tandis que des traits oubliés de la voix d'Albertine redessinaient pour moi le contour de sa personnalité) à l'apparition de certains mots qui ne faisaient pas partie de son vocabulaire au moins dans l'acception qu'elle leur donnait maintenant. Comme elle me disait qu'Elstir‣ était bête et que je me récriais:

– Vous ne me comprenez pas, répliqua-t-elle en souriant, je veux dire qu'il a été bête en cette circonstance, mais je sais parfaitement que c'est quelqu'un de tout à fait distingué.

De même pour dire du golf de Fontainebleau‣ qu'il était élégant, elle déclara:

– C'est tout à fait une sélection.

À propos d'un duel que j'avais eu, elle me dit de mes témoins: «Ce sont des témoins de choix», et regardant ma figure avoua qu'elle aimerait me voir «porter la moustache».

Elle alla même, et mes chances me parurent alors très grandes, jusqu'à prononcer, terme que, je l'eusse juré, elle

1 **le bavardage:** Geschwätz, Schwätzerei. | 1 f. **interminable:** unaufhörlich. | 2 **taire qc à qn:** jdm. etwas verschweigen. | 4 **la complaisance:** Gefälligkeit. | 5 **être dû, due à qc:** einer Sache zuzuschreiben sein, auf etwas zurückzuführen sein. | 9 **l'acception** (f.): Bedeutung. | 10 **se récrier:** laut aufschreien, lauthals protestieren. | 17 **la sélection:** hier: Auslese, Erlesenheit. | 18 **un duel que j'avais eu:** Proust hatte sich im Februar 1897 mit Jean Lorrain duelliert, der in einem Artikel Anspielungen auf Prousts »besondere Freundschaft« zu Lucien Daudet gemacht hatte; beide blieben unverletzt. | 18 f. **le témoin:** hier: Sekundant. | 19 **de choix** (f.): erster Wahl/Güte.

ignorait l'année précédente, que depuis qu'elle avait vu Gisèle, il s'était passé un certain «*laps* de temps». Ce n'est pas qu'Albertine ne possédât déjà quand j'étais à Balbec un lot très sortable de ces expressions qui décèlent immédiatement qu'on est issu d'une famille aisée, et que d'année en année une mère abandonne à sa fille comme elle lui donne au fur et à mesure qu'elle grandit, dans les circonstances importantes, ses propres bijoux. On avait senti qu'Albertine avait cessé d'être une petite enfant quand un jour, pour remercier d'un cadeau qu'une étrangère lui avait fait elle avait répondu: «Je suis confuse.» Mme Bontemps‣ n'avait pu s'empêcher de regarder son mari qui avait répondu:

– «Dame, elle va sur ses quatorze ans.» La nubilité plus accentuée s'était marquée quand Albertine parlant d'une jeune fille qui avait mauvaise façon avait dit: «On ne peut même pas distinguer si elle est jolie, elle a un pied de rouge sur la figure.» Enfin, quoique jeune fille encore, elle prenait déjà des façons de femme de son milieu et de son rang en disant si quelqu'un faisait des grimaces: «Je ne peux pas le voir parce que j'ai envie d'en faire aussi», ou si on s'amusait à des imitations: «Le plus drôle quand vous la contrefaites c'est que vous lui ressemblez.» Tout cela est tiré du trésor

2 **le laps de temps** (m.): Zeitraum. | 3 **le lot:** (An-)Teil; Posten, Partie. | 4 **sortable:** vorzeigbar. | **déceler qc:** auf etwas schließen lassen. | 5 **être issu, e de:** abstammen von, stammen aus. | 7 **au fur** (m.) **et à mesure** (f.) **que ...:** in dem Maße, wie ... | 11 **confus, e:** verlegen; beschämt. | 11 f. **ne pas pouvoir s'empêcher de faire qc:** nicht anders können, als etwas zu tun. | 13 **la nubilité:** Heiratsfähigkeit, heiratsfähiges Alter. | 14 **se marquer:** zum Ausdruck kommen. | 15 **avoir mauvaise façon** (f.): ein schlechtes Benehmen, eine schlechte Art haben. | 16 **un pied de rouge** (m.): etwa: meterdick Rouge. | 21 **contrefaire qn:** jdn. nachahmen/-machen. | 22 **le trésor:** hier: Wortschatz.

social. Mais justement le milieu d'Albertine ne me paraissait pas pouvoir lui fournir «distingué» dans le sens où mon père▸ disait de tel de ses collègues qu'il ne connaissait pas encore et dont on lui vantait la grande intelligence: «Il paraît que c'est quelqu'un de tout à fait distingué.» «Sélection», même pour le golf, me parut aussi incompatible avec la famille Simonet▸ qu'il le serait, accompagné de l'adjectif «naturel» avec un texte antérieur de plusieurs siècles aux travaux de Darwin▸. Laps de temps me sembla de meilleur augure encore. Enfin m'apparut l'évidence de bouleversements que je ne connaissais pas mais propres à autoriser pour moi toutes les espérances, quand Albertine me dit, avec la satisfaction d'une personne dont l'opinion n'est pas indifférente:

– C'est, *à mon sens*, ce qui pouvait arriver de mieux ... J'estime que c'est la meilleure solution, la solution la plus élégante.

C'était si nouveau, si visiblement une alluvion laissant soupçonner de si capricieux détours à travers des terrains jadis inconnus d'elle que dès les mots «à mon sens» j'attirai Albertine, et à «j'estime» je l'assis sur mon lit.

Sans doute il arrive que des femmes peu cultivées, épousant un homme fort lettré, reçoivent dans leur apport dotal de telles expressions. Et peu après la métamorphose qui

4 **vanter qc:** etwas rühmen. | 6 **incompatible:** unvereinbar. | 9 f. **être de bon augure** (m.): ein gutes Vorzeichen sein. | 10 f. **le bouleversement:** Umwälzung, tiefgreifende Veränderung. | 11 **propre à:** geeignet zu. | 18 **l'alluvion** (f.): Anschwemmung, Ablagerung. | 19 **capricieux, -euse:** launisch. | 23 **lettré, e:** gebildet. | **l'apport dotal:** Brautgabe (*l'apport* [m.]: Beitrag; Kapitaleinlage; *dotal, e* bezieht sich eigentlich auf die Mitgift, *la dot* [dɔt]).

suit la nuit de noces, quand elles font leurs visites et sont réservées avec leurs anciennes amies, on remarque avec étonnement qu'elles sont devenues femmes si en décrétant qu'une personne est intelligente, elles mettent deux l à intelligente; mais cela est justement le signe d'un changement et il me semblait qu'entre le vocabulaire de l'Albertine que j'avais connue – celui où les plus grandes hardiesses étaient de dire d'une personne bizarre: «C'est un type», ou si on proposait à Albertine de jouer à des jeux d'argent: «Je n'ai pas d'argent à perdre», ou encore si telle de ses amies lui faisait un reproche qu'elle ne trouvait pas justifié: («Ah! vraiment, je te trouve magnifique!» phrase dictée dans ces cas-là par une sorte de tradition bourgeoise presque aussi ancienne que le *Magnificat* lui-même et qu'une jeune fille un peu en colère et sûre de son droit emploie ce qu'on appelle tout naturellement, c'est-à-dire parce qu'elle l'a appris de sa mère comme à faire sa prière ou à saluer. Albertine les avait apprises de sa tante en même temps que la haine des juifs et l'estime pour le noir où on est toujours convenable et comme il faut, même sans que Mme Bontemps le lui eut formellement enseigné, mais comme se modèle au gazouillement des parents chardonnerets celui des petits chardonnerets récemment nés, de sorte qu'ils deviennent de vrais chardonnerets eux-mêmes. Malgré tout, «sélection» me

1 **la nuit de noces:** Hochzeitsnacht (*les noces* [f. pl.]: Hochzeit, Hochzeitsfeier). | 3 **décréter qc:** etwas beschließen. | 7 **la °hardiesse:** Kühnheit. | 14 **le Magnificat:** das Magnificat (»Magnificat anima mea Dominum«, »Meine Seele preist den Herrn«), Lobgesang Marias im Lukasevangelium. | 19 **l'estime** (f.): Wertschätzung. | 21 f. **le gazouillement:** Gezwitscher. | 22 **le chardonneret:** Distelfink. | 23 **récemment:** kürzlich.

parut allogène et «j'estime» encourageant. Albertine n'était plus la même, donc elle n'agirait peut-être pas, ne réagirait pas de même.

Non seulement je n'avais plus d'amour pour elle, mais je n'avais même plus à craindre, comme j'aurais pu à Balbec, de briser en elle une amitié pour moi qui n'existait plus. Il n'y avait aucun doute que je lui fusse depuis longtemps devenu fort indifférent. Je me rendais compte que pour elle je ne faisais plus du tout partie de la «petite bande»▸ à laquelle j'avais autrefois tant cherché, et j'avais ensuite été si heureux de réussir à être agrégé. Puis comme elle n'avait même plus comme à Balbec un air de franchise et de bonté, je n'éprouvais pas de grands scrupules; pourtant je crois que ce qui me décida fut une dernière découverte philologique. Comme continuant à ajouter un nouvel anneau à la chaîne extérieure de propos sous laquelle je cachais mon désir intime, je parlais tout en ayant maintenant Albertine au coin de mon lit, d'une des filles de la petite bande, plus menue que les autres mais que je trouvais tout de même assez jolie. «Oui, me répondit Albertine, elle a l'air d'une petite mousmé.» De toute évidence quand j'avais connu Albertine le mot de «mousmé» lui était inconnu. Il est vraisemblable que si les choses eussent suivi leur cours normal, elle ne l'eût jamais appris et je n'y aurais vu pour ma part aucun inconvénient, car nul n'est plus horripilant. À l'entendre on se sent le même mal de dents que si on a mis un trop gros morceau de glace dans sa bouche. Mais chez Albertine, jolie

1 **allogène** (m./f.): zugewandert, allochthon. | 11 **agréger qn à qc:** jdn. in etwas aufnehmen (Gruppe, Kreis usw.) | 12 **la franchise:** Freimütigkeit. | 18 **menu, e:** klein; schmächtig. | 20 f. **la mousmé** (fam.): leichtes Mädchen, Flittchen. | 25 **horripilant, e:** nervtötend, unausstehlich.

comme elle était, même mousmé ne pouvait m'être déplaisant. En revanche, il me parut révélateur sinon d'une initiation extérieure, au moins d'une évolution interne. Malheureusement il était l'heure où il eût fallu que je lui dise au revoir si je voulais qu'elle rentrât à temps pour son dîner et aussi que je me levasse assez tôt pour le mien. C'était Françoise qui le préparait, elle n'aimait pas qu'il attendît et devait déjà trouver contraire à un des articles de son code, qu'Albertine, en l'absence de mes parents, m'eût fait une visite aussi prolongée et qui allait tout mettre en retard. Mais devant «mousmé» ces raisons tombèrent et je me hâtai de dire:

– Imaginez-vous que je ne suis pas chatouilleux du tout, vous pourriez me chatouiller pendant une heure que je ne le sentirais même pas,

– Vraiment!

– Je vous assure.

Elle comprit sans doute que c'était l'expression maladroite d'un désir, car comme quelqu'un qui vous offre une recommandation que vous n'osiez pas solliciter mais dont vos paroles lui ont prouvé qu'elle pouvait vous être utile:

– Voulez-vous que j'essaye? dit-elle avec l'humilité de la femme.

– Si vous voulez, mais alors ce serait plus commode que vous vous étendiez tout à fait sur mon lit.

– Comme cela?

2 **révélateur, -trice:** aufschlussreich. | 2 f. **l'initiation** (f.): Einweihung, Einführung. | 8 **le code:** hier: Gesetzbuch, Kodex. | 13 **chatouilleux, -euse:** kitzlig (*chatouiller qn:* jdn. kitzeln). | 20 **solliciter qc:** um etwas bitten. | 22 **l'humilité** (f.): Demut, Ergebenheit. | 24 **commode** (m./f.): bequem.

– Non, enfoncez-vous.

– Mais je ne suis pas trop lourde?

Comme elle finissait cette phrase la porte s'ouvrit, et Françoise portant une lampe entra. Albertine n'eut que le temps de se rasseoir sur la chaise. Peut-être Françoise avait-elle choisi cet instant pour nous confondre, étant à écouter à la porte ou même à regarder par le trou de la serrure. Mais je n'avais pas besoin de faire une telle supposition, elle avait pu dédaigner de s'assurer par les yeux de ce que son instinct avait dû suffisamment flairer, car à force de vivre avec moi et mes parents, la crainte, la prudence, l'attention et la ruse avaient fini par lui donner de nous cette sorte de connaissance instinctive et presque divinatoire qu'a de la mer le matelot, du chasseur le gibier, et de la maladie, sinon le médecin, du moins souvent le malade. Tout ce qu'elle arrivait à savoir aurait pu stupéfier à aussi bon droit que l'état avancé de certaines connaissances chez les anciens, vu les moyens presque nuls d'information qu'ils possédaient (les siens n'étaient pas plus nombreux). C'était quelques propos, formant à peine le vingtième de notre conversation à dîner, recueillis à la volée par le maître d'hôtel et inexactement

1 **s'enfoncer:** sich hineinsenken/-drücken. | 6 **confondre qn:** jdn. verlegen machen. | 7 **la serrure:** (Tür-)Schloss. | 8 **la supposition:** Annahme, Mutmaßung. | 9 **dédaigner qc:** etwas verschmähen. | 10 **suffisamment:** ausreichend. | **flairer qc:** etwas wittern. | **à force de …:** durch vieles/ständiges … | 11 **la ruse:** List, Verschlagenheit. | 13 **divinatoire** (m./f.): seherisch. | 14 **le gibier:** Wild. | 16 **stupéfier:** verblüffen. | 17 **les anciens** (m. pl.): hier: die Menschen der Antike. | **vu …** (+ subst.): angesichts / in Anbetracht der/des … | 18 **nul, le:** hier: nicht vorhanden. | 19 **les propos** (m. pl.): Worte, Reden. | 21 **à la volée:** im Vorbeigehen, beiläufig (*la volée:* Flug [eines Vogels]). | **le maître d'hôtel:** Butler.

transmis à l'office. Encore ses erreurs tenaient-elles plutôt, comme les fables auxquelles Platon▸ croyait encore, à une fausse conception du monde et à des idées préconçues qu'à l'insuffisance des ressources matérielles. C'est ainsi que de nos jours encore les plus grandes découvertes dans les mœurs des insectes ont pu être faites par un savant qui ne disposait d'aucun laboratoire, de nul appareil. Mais si les gênes qui résultaient de sa position de domestique ne l'avaient pas empêchée d'acquérir une science indispensable à l'art qui en était le terme – et qui consistait à nous confondre en nous en communiquant les résultats – la contrainte avait fait plus; là l'entrave ne s'était pas contentée de ne pas paralyser l'essor, elle y avait puissamment aidé. Sans doute Françoise ne négligeait aucun adjuvant, celui de la diction et de l'attitude par exemple. Comme (si en revanche elle ne croyait jamais ce que nous lui disions et que nous souhaitions qu'elle crût) elle admettait sans l'ombre d'un doute ce que toute personne de sa condition lui racontait de plus absurde et qui pouvait en même temps choquer nos idées, autant sa manière d'écouter nos assertions té-

1 **l'office** (m.): hier: Anrichtezimmer. | **tenir à qc:** von etwas herrühren. | 3 **l'idée** (f.) **préconçue:** vorgefasste Meinung, Vorurteil. | 6 **un savant:** Jean-Henri Fabre (1823–1915), Natur- und vor allem Insektenforscher (*Souvenirs entomologiques*, 10 Bde., 1879–1907). | 8 **la gêne:** Verlegenheit; Beschränkung. | 10 **le terme:** hier: Ende; Endzweck. | 12 **la contrainte:** Zwang. | **l'entrave** (f.): Fessel; (fig.) Beeinträchtigung. | 12 f. **se contenter de faire qc:** sich damit begnügen, etwas zu tun. | 13 **paralyser qn/qc:** jdn./etwas lähmen. | **l'essor** (m.): Aufschwung. | **puissamment:** mächtig, gewaltig. | 14 **l'adjuvant** (m.): Hilfsmittel. | 15 **la diction:** Sprech-/Redeweise. | 17 f. **sans l'ombre** (f.) **d'un doute** (loc.): ohne den geringsten Zweifel. | 18 **la condition:** hier: Stand, Schicht (gesellschaftlich). | 20 **l'assertion** (f.): Behauptung.

moignait de son incrédulité, autant l'accent avec lequel elle rapportait le récit d'une cuisinière qui lui avait raconté qu'elle avait menacé ses maîtres et en avait obtenu en les traitant devant tout le monde de «fumier» mille faveurs, montrait que c'était pour elle parole d'évangile. Nous avions beau, malgré notre peu de sympathie originelle pour la dame du quatrième, hausser les épaules, comme à une fable invraisemblable, à ce récit d'un si mauvais exemple, en le faisant la narratrice savait prendre le cassant, le tranchant de la plus indiscutable et plus exaspérante affirmation.

Mais surtout, comme les écrivains arrivent souvent à une puissance de concentration dont les eut dispensés le régime de la liberté politique ou de l'anarchie littéraire, quand ils sont ligotés par la tyrannie d'un monarque ou d'une poétique, par les sévérités des règles prosodiques ou d'une religion d'État, ainsi Françoise ne pouvant nous répondre d'une façon explicite, parlait comme Tirésias▸ et eût écrit comme Tacite▸. Elle savait faire tenir tout ce qu'elle ne pouvait exprimer directement dans une phrase que nous ne pouvions incriminer sans nous accuser, dans moins qu'une phrase même, dans un silence, dans la manière dont elle plaçait un objet.

1 **l'incrédulité** (f.): Ungläubigkeit, Skepsis. | 2 **rapporter qc**: etwas erzählen. | 4 **le fumier:** Misthaufen; (fig.) Miststück. | **la faveur:** Gefallen, Vorzug. | 5 **être parole** (f.) **d'évangile** (m.): allein selig machend sein. | 5f. **avoir beau faire qc:** etwas noch so sehr tun können/mögen. | 6 **originel, le:** ursprünglich. | 9 **le cassant:** hier: scharfer Ton. | **le tranchant:** entschiedener Ton. | 10 **exaspérant, e:** auf die Nerven gehend. | 12 **dispenser qn de qc:** jdn. von etwas entbinden, jdm. etwas erlassen. | 14 **ligoter qn/qc:** jdn./etwas fesseln. | 15 **prosodique:** prosodisch (die Prosodie: Klang, Satzrhythmus usw., betreffend). | 20 **incriminer qc:** etwas beanstanden.

Ainsi, quand il m'arrivait de laisser, par mégarde, sur ma table, au milieu d'autres lettres, une certaine qu'il n'eût pas fallu qu'elle vît, par exemple parce qu'il y était parlé d'elle avec une malveillance qui en supposait une aussi grande à son égard chez le destinataire que chez l'expéditeur, le soir, si je rentrais inquiet, et allais droit à ma chambre, sur mes lettres rangées bien en ordre en une pile parfaite, le document compromettant frappait tout d'abord mes yeux comme il n'avait pas pu ne pas frapper ceux de Françoise, placée par elle tout en dessus, presque à part, en une évidence qui était un langage, avait son éloquence, et dès la porte me faisait tressaillir comme un cri. Elle excellait à régler ces mises en scène destinées à instruire si bien le spectateur, Françoise absente, qu'il savait déjà qu'elle savait tout, quand ensuite elle faisait son entrée. Elle avait pour faire parler ainsi un objet inanimé l'art à la fois génial et patient d'Irving‣ et de Frederick Lemaître‣. En ce moment tenant au-dessus d'Albertine et de moi la lampe allumée qui ne laissait dans l'ombre aucune des dépressions encore visibles que le corps de la jeune fille avait creusées dans le couvre-pied, Françoise avait l'air de la «Justice éclairant le Crime»‣. La figure d'Albertine ne perdait pas à cet éclairage. Il découvrait sur les joues le même vernis ensoleillé qui

1 **par mégarde** (f.): aus Versehen. | 4 **la malveillance:** Feindseligkeit, Boshaftigkeit. | 7 **la pile:** Stapel, Stoß. | 8 **compromettant, e:** kompromittierend, bloßstellend. | 12 **tressaillir:** zusammenzucken, erbeben. | **exceller à faire qc:** in etwas ganz hervorragend sein, in etwas brillieren. | 13 **la mise en scène** (f.): Inszenierung. | 16 **inanimé, e:** unbelebt. | 19 **la dépression:** Senkung, Vertiefung. | 20 **creuser:** graben. | 21 **le couvre-pied:** Tagesdecke. | 22 **perdre:** hier: (an Schönheit usw.) verlieren, nachlassen. | 23 **le vernis:** Lack, Firnis; Glanz.

m'avait charmé à Balbec. Ce visage d'Albertine dont l'ensemble avait quelquefois, dehors, une espèce de pâleur blême, montrait, au contraire, au fur et à mesure que la lampe les éclairait, des surfaces si brillamment, si uniformément colorées, si résistantes et si lisses, qu'on aurait pu les comparer aux carnations soutenues de certaines fleurs. Surpris pourtant par l'entrée inattendue de Françoise, je m'écriai:

– Comment déjà la lampe? Mon Dieu que cette lumière est vive!

Mon but était sans doute par la seconde de ces phrases de dissimuler mon trouble, par la première d'excuser mon retard. Françoise répondit avec une ambiguïté cruelle:

– Faut-il que j'éteinde?

– Teigne? glissa à mon oreille Albertine, me laissant charmé par la vivacité familière, avec laquelle, me prenant à la fois pour maître et pour complice, elle insinua cette affirmation psychologique, dans le ton interrogatif d'une question grammaticale.

Quand Françoise fut sortie de la chambre et Albertine rassise sur mon lit:

3 **blême:** fahl. | 4 **brillamment:** strahlend. | 5 **lisse** (m./f.): glatt (Haare, Haut). | 6 **la carnation:** Teint, Gesichtsfarbe. | **soutenu, e:** kräftig, intensiv (Farbe). | 10 **vif, vive:** hier: hell, grell. | 12 **dissimuler qc:** etwas verbergen. | 12 **le trouble:** Aufregung, Verwirrung. | 13 **l'ambiguïté** (f.): Doppeldeutigkeit. | 15 **Teigne:** Albertine korrigiert den falschen Konjunktiv *que j'éteinde* in den richtigen: *que j'éteigne.* Allerdings bedeutet *la teigne:* Motte, und im übertragenen Sinn: Giftnudel (*éteindre qc:* etwas löschen/ausmachen). | **glisser qc à l'oreille** (f.) **de qn:** jdm. etwas zuflüstern. | 16 **la vivacité:** Lebhaftigkeit, Lebendigkeit. | 17 **insinuer qc:** etwas zu verstehen geben.

– Savez-vous ce dont j'ai peur, lui dis-je, c'est que si nous continuons comme cela, je ne puisse pas m'empêcher de vous embrasser.

– Ce serait un beau malheur.

Je n'obéis pas tout de suite à cette invitation. Un autre l'eût même pu trouver superflue, car Albertine avait une prononciation si charnelle et si douce que rien qu'en vous parlant elle semblait vous embrasser. Une parole d'elle était une faveur, et sa conversation vous couvrait de baisers. Et pourtant elle m'était bien agréable, cette invitation. Elle me l'eût été même d'une autre jolie fille du même âge, mais qu'Albertine me fût maintenant si facile, cela me causait plus que du plaisir, une confrontation d'images empreintes de beauté. Je me rappelais Albertine d'abord devant la plage, presque peinte sur le fond de la mer, n'ayant pas pour moi une existence plus réelle que ces visions de théâtre où on ne sait pas si on y a affaire à l'actrice qui est censée apparaître, à une figurante qui la double à ce moment-là, ou à une simple projection. Puis, la femme vraie s'était détachée du faisceau lumineux, elle était venue à moi, mais simplement pour que je pusse m'apercevoir qu'elle n'avait nullement dans le monde réel cette facilité amoureuse qu'on lui supposait dans le tableau magique. J'avais appris qu'il n'était pas possible de la toucher, de l'embrasser, qu'on pouvait seulement causer avec elle, que pour moi elle n'était pas une femme

6 **superflu, e:** überflüssig. | 7 **charnel, le:** fleischlich, sinnlich. | 13 **empreindre qc:** etwas prägen. | 17 **avoir affaire** (f.) **à qn/qc:** es mit jdm./etwas zu tun haben. | **être censé, e faire qc:** etwas tun sollen. | 18 **le figurant / la figurante:** Statist(in). | 19 **se détacher de qn/qc:** sich von jdm./etwas lösen (*détacher qc:* etwas abnehmen/abmachen). | **le faisceau:** Bündel. | 22 **la facilité:** Leichtigkeit.

plus que des raisins de jade, décoration incomestible des tables d'autrefois, ne sont des raisins. Et voici que dans un troisième plan elle m'apparaissait, réelle comme dans la seconde connaissance que j'avais eue d'elle, mais facile comme dans la première; facile et d'autant plus délicieusement que j'avais cru longtemps qu'elle ne l'était pas. Mon surplus de science sur la vie (sur la vie moins unie, moins simple que je ne l'avais cru d'abord) aboutissait provisoirement à l'agnosticisme. Que peut-on affirmer, puisque ce qu'on avait cru probable d'abord s'est montré faux ensuite, et se trouve en troisième lieu être vrai. Et hélas, je n'étais pas au bout de mes découvertes avec Albertine. En tout cas, même s'il n'y avait pas eu l'attrait romanesque de cet enseignement d'une plus grande richesse de plans découverts l'un après l'autre par la vie, cet attrait inverse de celui que Saint-Loup trouvait à Balbec à retrouver parmi les masques que l'existence avait superposés dans une calme figure des traits qu'il avait jadis tenus sous ses lèvres, savoir qu'embrasser les joues d'Albertine était une chose possible, c'était un plaisir peut-être plus grand encore que celui de les embrasser. Quelle différence entre posséder une femme sur laquelle notre corps seul s'applique parce qu'elle n'est qu'un morceau de chair, ou posséder la jeune fille qu'on apercevait sur la plage avec ses amies, certains jours, sans même savoir

1 **incomestible:** ungenießbar. | 3 **le plan:** hier: Ebene. | 7 **le surplus:** Überschuss. | 8 **aboutir à qc:** in etwas münden, auf etwas hinauslaufen. | 9 **l'agnosticisme** (m.): Agnostizismus (die Erkenntnis, dass ein gesichertes Wissen nicht möglich ist). | 13 **l'attrait** (m.): Reiz. | **romanesque:** romanhaft; auch: romantisch. | 17 **superposer qc:** etwas übereinanderschichten. | 18 **les traits** (m. pl.): hier: Gesichtszüge. | 22 **s'appliquer:** hier: sich aufdrücken.

pourquoi ces jours-là plutôt que tels autres, ce qui faisait qu'on tremblait de ne pas la revoir. La vie vous avait complaisamment révélé tout au long le roman de cette petite fille, vous avait prêté pour la voir un instrument d'optique, puis un autre, et ajouté au désir charnel un accompagnement qui le centuple et le diversifie de ces désirs plus spirituels et moins assouvissables qui ne sortent pas de leur torpeur et le laissent aller seul quand il ne prétend qu'à la saisie d'un morceau de chair, mais qui pour la possession de toute une région de souvenirs d'où ils se sentaient nostalgiquement exilés, s'élèvent en tempête à côté de lui, le grossissent, ne peuvent le suivre jusqu'à l'accomplissement, jusqu'à l'assimilation, impossible sous la forme où elle est souhaitée, d'une réalité immatérielle, mais attendent ce désir à mi-chemin, et au moment du souvenir, du retour, lui font à nouveau escorte; baiser au lieu des joues de la première venue, si fraîches soient-elles mais anonymes, sans secret, sans prestige, celles auxquelles j'avais si longtemps rêvé, serait connaître le goût, la saveur, d'une couleur bien souvent regardée. On a vu une femme, simple image dans le décor

2f. **complaisamment:** freundlicherweise. | 3 **tout au long:** die ganze Zeit lang. | 6 **centupler:** verhundertfachen. | **diversifier:** abwechslungsreicher machen, abwandeln. | 7 **assouvissable**: stillbar (Bedürfnis, Leidenschaft). | **la torpeur:** Benommenheit, Erstarrung. | 8 **prétendre à qc:** nach etwas streben. | **la saisie:** Inbesitznahme. | 10 **nostalgiquement:** sehnsuchtsvoll. | 11 **exiler qn de qc:** jdn. aus etwas verbannen. | **grossir qc:** etwas vergrößern. | 12f. **l'assimilation** (f.): Aneignung; Verschmelzung. | 14f. **à mi-chemin:** auf halbem Wege. | 16 **faire escorte** (f.) **à qn:** jdm. das Geleit geben. | 16f. **le permier venu / la première venue:** der/die Erstbeste. | 18 **le prestige:** Ansehen; hier etwa: Nimbus, Aura. | 19 **la saveur:** Geschmack; (fig.) Würze. | 20 **le décor:** Ausstattung; hier (fig.): Szenerie.

de la vie, comme Albertine, profilée sur la mer, et puis cette image on peut la détacher, la mettre près de soi, et voir peu à peu son volume, ses couleurs, comme si on l'avait fait passer derrière les verres d'un stéréoscope▸. C'est pour cela que les femmes un peu difficiles, qu'on ne possède pas tout de suite, dont on ne sait même pas tout de suite qu'on pourra jamais les posséder, sont les seules intéressantes. Car les connaître, les approcher, les conquérir, c'est faire varier de forme, de grandeur, de relief l'image humaine, c'est une leçon de relativisme dans l'appréciation d'une femme, belle à réapercevoir quand elle a repris sa minceur de silhouette dans le décor de la vie. Les femmes qu'on connaît d'abord chez l'entremetteuse n'intéressent pas parce qu'elles restent invariables. D'autre part Albertine tenait, liées autour d'elle, toutes les impressions d'une série maritime qui m'était particulièrement chère. Il me semble que j'aurais pu sur les deux joues de la jeune fille, embrasser toute la plage de Balbec.

– Si vraiment vous permettez que je vous embrasse, j'aimerais mieux remettre cela à plus tard et bien choisir mon moment. Seulement il ne faudrait pas que vous oubliez alors que vous m'avez permis. Il me faut un «bon pour un baiser»,

– Faut-il que je le signe?

– Mais si je le prenais tout de suite, en aurai-je un tout de même plus tard?

– Vous m'amusez avec vos bons, je vous en referai de temps en temps.

1 **se profiler sur qc:** sich vor etwas abzeichnen / von etwas abheben. | 8 **conquérir:** erobern. | 10 **l'appréciation** (f.): Würdigung. | 11 **la minceur:** Schmalheit. | 13 **l'entremetteur** (m.) **/ l'entremetteuse** (f.): Kuppler(in). | 22 **le bon:** Gutschein.

– Dites-moi encore un mot, vous savez à Balbec quand je ne vous connaissais pas encore, vous aviez souvent un regard dur, rusé, vous ne pouvez pas me dire à quoi vous pensiez à ces moments-là?

– Ah! je n'ai aucun souvenir.

– Tenez, pour vous aider, un jour votre amie Gisèle a sauté à pieds joints par-dessus la chaise où était assis un vieux monsieur. Tâchez de vous rappeler ce que vous avez pensé à ce moment-là.

– Gisèle était celle que nous fréquentions le moins, elle était de la bande si vous voulez, mais pas tout à fait. J'ai dû penser qu'elle était bien mal élevée et commune.

– Ah! c'est tout?

J'aurais bien voulu, avant de l'embrasser, pouvoir la remplir à nouveau du mystère qu'elle avait pour moi sur la plage, avant que je la connusse, retrouver en elle le pays où elle avait vécu auparavant; à sa place du moins, si je ne le connaissais pas, je pouvais insinuer tous les souvenirs de notre vie à Balbec, le bruit du flot déferlant sous ma fenêtre, les cris des enfants. Mais en laissant mon regard glisser sur le beau globe rose de ses joues, dont les surfaces doucement incurvées venaient mourir aux pieds des premiers plissements de ses beaux cheveux noirs qui couraient en chaînes mouvementées, soulevaient leurs contreforts escarpés et modelaient les ondulations de leurs vallées, je dus me dire:

7 **à pieds** (m. pl.) **joints:** mit geschlossenen Füßen. | 18 **insinuer:** hier: hineingleiten lassen. | 21 **le globe:** Erdkugel, Globus; hier (fig.): Wölbung. | 22 **incurvé, e:** gekrümmt; hier: geschwungen. | **mourir:** hier: enden, auslaufen. | 22 f. **le plissement:** Faltung, Fältelung. | 24 **mouvementé, e:** bewegt. | **les contreforts** (m. pl.): Vorberge, Ausläufer. | **escarpé, e:** schroff, steil. | 25 **les ondulations** (f. pl.): (Boden-)Wellen.

«Enfin, n'y ayant pas réussi à Balbec je vais savoir le goût de la rose inconnue que sont les joues d'Albertine. Et puisque les cercles que nous pouvons faire traverser aux choses et aux êtres, pendant le cours de notre existence ne sont pas bien nombreux, peut-être pourrai-je considérer la mienne comme en quelque manière accomplie quand ayant fait sortir de son cadre lointain le visage fleuri que j'avais choisi entre tous, je l'aurai amené dans ce plan nouveau où j'aurai enfin de lui la connaissance par les lèvres.» Je me disais cela parce que je croyais qu'il est une connaissance par les lèvres; je me disais que j'allais connaître le goût de cette rose charnelle parce que je n'avais pas songé que l'homme, créature, évidemment moins rudimentaire que l'oursin ou même la baleine, manque cependant encore d'un certain nombre d'organes essentiels et notamment n'en possède aucun qui serve au baiser. À cet organe absent il supplée par les lèvres, et par là arrive-t-il peut-être à un résultat un peu plus satisfaisant que s'il était réduit à caresser la bien-aimée avec une défense de corne. Mais les lèvres faites pour amener au palais la saveur de ce qui les tente, doivent se contenter, sans comprendre leur erreur et sans avouer leur déception, de vaguer à la surface et de se heurter à la clôture de la

5f. **considérer qc comme …:** etwas betrachten als … | 7 **fleuri, e:** blühend; hier (fig.): frisch, rosig. | 12 **songer que:** daran denken, dass. | 13 **rudimentaire** (m./f.): unzureichend, unentwickelt. | **l'oursin** (m.): Seeigel. | 14 **la baleine:** Wal. | 16 **suppléer à qc:** etwas ersetzen. | 18 **être réduit, e à qc:** auf etwas angewiesen sein. | 19 **la défense:** hier: Stoßzahn. | **la corne:** Horn (Material). | 20 **le palais:** hier: Gaumen. | **tenter qn:** jdn. in Versuchung führen. | 22 **vaguer:** herumschweifen. | **se °heurter à qc:** an etwas stoßen, auf etwas prallen. | **la clôture:** Zaun, Umzäunung, Einfriedung.

joue impénétrable et désirée. D'ailleurs à ce moment-là, au contact même de la chair, les lèvres, même dans l'hypothèse où elles deviendraient plus expertes et mieux douées, ne pourraient sans doute pas goûter davantage la saveur que la nature les empêche actuellement de saisir, car dans cette zone désolée où elles ne peuvent trouver leur nourriture, elles sont seules, le regard, puis l'odorat les ont abandonnées depuis longtemps. D'abord au fur et à mesure que ma bouche commença à s'approcher des joues que mes regards lui avaient proposé d'embrasser, ceux-ci se déplaçant virent des joues nouvelles: le cou aperçu de plus près et comme à la loupe, montra, dans ses gros grains, une robustesse qui modifia le caractère de la figure.

Les dernières applications de la photographie – qui couchent aux pieds d'une cathédrale toutes les maisons qui nous parûmes si souvent, de près, presque aussi hautes que les tours, font successivement manœuvrer comme un régiment, par files, en ordre dispersé, en masses serrées, les mêmes monuments, rapprochent l'une contre l'autre les deux colonnes de la Piazzetta‣ tout à l'heure si distantes, éloignent la proche Salute‣ et dans un fond pâle et dégradé réussissent à faire tenir un horizon immense sous l'arche

1 **impénétrable:** undurchdringlich. | 3 **expert, e:** sachkundig; geschickt. | 6 **désolé, e:** hier: öde. | 7 **l'odorat** (m.): Geruchssinn. | 12 **dans ses gros grains:** in seiner Grobkörnigkeit (*le grain:* Korn). | 14 **l'application** (f.): hier: Anwendung. | 15 **coucher qc:** etwas (nieder)legen. | 17 **manœuvrer:** (Gefechts-)Bewegungen ausführen. | 18 **la file:** hier: Reihe. | **dispersé, e:** weit verstreut. | **serré, e:** dicht gedrängt, zusammengedrängt. | 20 **la colonne:** Säule. | **tout à l'heure** (f.): hier: eben (noch). | 21 **éloigner qc:** etwas wegrücken / in die Ferne rücken. | **le fond:** hier: Hintergrund. | **dégradé, e:** abgestuft, abgetönt. | 22 **l'arche** (f.): (Brücken-)Bogen.

d'un pont, dans l'embrasure d'une fenêtre, entre les feuilles d'un arbre situé au premier plan et d'un ton plus vigoureux, donnent successivement pour cadre à une même église les arcades de toutes les autres, – je ne vois que cela qui puisse autant que le baiser faire surgir de ce que nous croyions une chose à aspect défini, les cent autres choses qu'elle est tout aussi bien puisque chacune est relative à une perspective non moins légitime. Bref, de même qu'à Balbec, Albertine m'avait souvent paru différente, maintenant, comme si en accélérant prodigieusement la rapidité des changements de perspective et des changements de coloration que nous offre une personne dans nos diverses rencontres avec elle, j'avais voulu les faire tenir toutes en quelques secondes pour recréer expérimentalement le phénomène qui diversifie l'individualité d'un être et tirer les unes des autres comme d'un étui toutes les possibilités qu'il enferme, dans ce court trajet de mes lèvres vers sa joue, c'est dix Albertines que je vis; cette seule jeune fille étant comme une déesse à plusieurs têtes sortant les unes des autres; celle que j'avais vue en dernier, si je tentais de m'approcher d'elle, faisait place à une autre. Du moins tant que je ne l'avais pas touchée, cette tête je la voyais, un léger parfum venait d'elle jusqu'à moi. Mais hélas! – car pour le baiser, nos narines et nos yeux sont aussi mal placés que nos lèvres mal faites – tout d'un coup, mes yeux cessèrent de voir, à son tour mon

1 **une embrasure:** Fensteröffnung. | 2 **le premier plan:** Vordergrund. | **vigoureux, -euse:** kräftig, kraftvoll. | 6 **l'aspect** (m.): Aussehen, Anblick. | 10 **accélérer qc:** etwas beschleunigen. | **prodigieusement:** ungemein, außerordentlich. | 11 **la coloration:** Färbung, Farbgebung. | 17 **le trajet:** Weg, Strecke. | 19 **le dieu / la déesse:** Gott/Göttin. | 23 **la narine:** Nasenloch.

nez s'écrasant ne perçut plus aucune odeur, et sans connaître pour cela davantage le goût du rose désiré, j'appris, à ces détestables signes, qu'enfin j'étais en train d'embrasser la joue d'Albertine.

Était-ce parce que nous jouions la scène inverse de celle de Balbec, que j'étais, moi, couché et elle levée, capable d'esquiver une attaque brutale et de diriger le plaisir à sa guise, qu'elle me laissa prendre avec tant de facilité maintenant ce qu'elle avait refusé jadis avec une mine si sévère. (Sans doute, de cette mine d'autrefois, l'expression voluptueuse que prenait aujourd'hui son visage à l'approche de mes lèvres ne différait que par une déviation de lignes infinitésimale, mais dans lesquelles peut tenir toute la distance qu'il y a entre le geste d'un homme qui achève un blessé et d'un qui le secourt, entre un portrait sublime ou affreux). Sans savoir si j'avais à faire honneur et savoir gré de son changement d'attitude à quelque bienfaiteur involontaire qui, un de ces mois derniers, à Paris ou à Balbec, avait travaillé pour moi, je pensai que la façon dont nous étions placés était la principale cause de ce changement. C'en fut pourtant une autre que me fournit Albertine; exactement celle-ci: «Ah! c'est qu'à ce moment-là, à Balbec, je ne vous connaissais pas, je pouvais croire que

1 **s'écraser:** sich plattdrücken. | 7 **esquiver qc:** einer Sache ausweichen. | 7f. **à sa guise:** auf ihre Weise. | 10 f. **voluptueux, -euse:** wollüstig. | 12 **la déviation:** Abweichung. | 12 f. **infinitésimal, e:** unendlich klein/gering, winzig. | 14 **achever qn:** jdn. vollends töten, jdn. erledigen. | 15 **secourir qn:** jdm. Hilfe leisten / zu Hilfe kommen. | **sublime** (m./f.): erhaben, bewundernswürdig. | 16 **faire honneur** (f.) **à qn de qc:** jdm. für etwas Ehre erweisen. | 16 f. **savoir gré à qn de qc:** jdm. für etwas dankbar sein. | 17 **le bienfaiteur / la bienfaitrice:** Wohltäter(in).

vous aviez de mauvaises intentions.» Cette raison me laissa perplexe. Albertine me la donna sans doute sincèrement. Une femme a tant de peine à reconnaître dans les mouvements de ses membres, dans les sensations éprouvées par son corps, au cours d'un tête-à-tête avec un camarade, la faute inconnue où elle tremblait qu'un étranger préméditât de la faire tomber.

En tout cas, quelles que fussent les modifications survenues depuis quelque temps dans sa vie (et qui eussent peut-être expliqué qu'elle eût accordé aisément à mon désir momentané et purement physique, ce qu'à Balbec elle avait avec horreur refusé à mon amour), une bien plus étonnante se produisit en Albertine, ce soir-là même, aussitôt que ses caresses eurent amené chez moi la satisfaction dont elle dut bien s'apercevoir et dont j'avais même craint qu'elle ne lui causât le petit mouvement de répulsion et de pudeur offensée que Gilberte‣ avait eu à un moment semblable, derrière le massif de lauriers, aux Champs-Élysées‣.

Ce fut tout le contraire. Déjà au moment où je l'avais couchée sur mon lit et où j'avais commencé à la caresser, Albertine avait pris un air que je ne lui connaissais pas de bonne volonté docile, de simplicité presque puérile. Effaçant d'elle toute préoccupation, toute prétention habituelles, le moment qui précède le plaisir, pareil en cela à ce-

2 **perplexe** (m./f.): sprach-/ratlos. | 5 **le tête-à-tête:** (intimes) Beisammensein, Tête-à-tête. | 6 f. **préméditer de faire qc:** etwas beabsichtigen, auf etwas sinnen. | 14 **amener qc:** etwas herbeiführen. | 16 **la répulsion:** Abscheu, Ekel. | **la pudeur:** Schamgefühl, Scham. | 16 f. **offensé, e:** beleidigt, gekränkt. | 18 **le massif:** hier: Beet; Gebüsch. | **le laurier:** Lorbeer. | 22 **docile** (m./f.): fügsam, gefügig. | **puéril, e:** kindlich. | 23 **la prétention:** hier: Selbstgefälligkeit. | 24 **précéder qc:** einer Sache vorausgehen.

lui qui suit la mort, avait rendu à ses traits rajeunis comme l'innocence du premier âge. Et sans doute tout être dont le talent est soudain mis en jeu, devient modeste, appliqué et charmant; surtout si par ce talent il sait nous donner un grand plaisir, il en est lui-même heureux, veut nous le donner bien complet. Mais dans cette expression nouvelle du visage d'Albertine il y avait plus que du désintéressement et de la conscience, de la générosité professionnelles, une sorte de dévouement conventionnel et subit; et c'est plus loin qu'à sa propre enfance, mais à la jeunesse de sa race qu'elle était revenue. Bien différente de moi qui n'avais rien souhaité de plus qu'un apaisement physique, enfin obtenu, Albertine semblait trouver qu'il y eût eu de sa part quelque grossièreté à croire que ce plaisir matériel allât sans un sentiment moral et terminât quelque chose. Elle si pressée tout à l'heure, maintenant sans doute et parce qu'elle trouvait que les baisers impliquent l'amour et que l'amour l'emporte sur tout autre devoir, disait, quand je lui rappelai son dîner:

– Mais ça ne fait rien du tout, voyons, j'ai tout mon temps.

Elle semblait gênée de se lever tout de suite après ce qu'elle venait de faire, gênée par bienséance, comme Fran-

1 **rajeunir qn:** jdn. verjüngen. | 3 **mettre en jeu** (m.): setzen (beim Glücksspiel), ins Spiel bringen. | **appliqué, e:** hier: hingebungsvoll. | 7 **le désintéressement:** Selbstlosigkeit. | 8 **la conscience:** hier: Gewissenhaftigkeit. | **la générosité:** Großzügigkeit. | 9 **le dévouement:** Hingabe. | 10 **la race:** hier: Geschlecht. | 12 **l'apaisement** (m.): Beruhigung, Erleichterung. | 14 **la grossièreté:** Grobheit. | 17f. **l'emporter sur qc:** über etwas siegen, stärker sein als etwas. | 20 **voyons:** nicht doch; hören Sie mal! | 23 **la bienséance:** Anstand, Schicklichkeit.

çoise quand elle croyait, sans avoir soif, devoir accepter avec une gaieté décente, le verre de vin que Jupien‣ lui offrait, n'aurait pas osé partir aussitôt la dernière gorgée bue, quelque devoir impérieux qui l'eût rappelée. Albertine – et c'était peut-être avec une autre que l'on verra plus tard, une des raisons qui m'avait à mon insu fait la désirer – était une des incarnations de la petite paysanne française dont le modèle est en pierre à Saint-André-des-Champs‣. De Françoise qui devait pourtant bientôt devenir sa mortelle ennemie, je reconnus en elle la courtoisie envers l'hôte et l'étranger, la décence, le respect de la couche.

Françoise, après la mort de ma tante‣, ne croyait pouvoir parler que sur un ton apitoyé, et dans les mois qui précédèrent le mariage de sa fille eût trouvé choquant, quand celle-ci se promenait avec son fiancé, qu'elle ne le tînt pas par le bras. Albertine immobilisée auprès de moi, me disait:

– Vous avez de jolis cheveux, vous avez de beaux yeux, vous êtes gentil.

Comme lui ayant fait remarquer qu'il était tard, j'ajoutais: «Vous ne me croyez pas?» elle me répondit ce qui était peut-être vrai mais seulement depuis deux minutes et pour quelques heures:

– Je vous crois toujours.

Elle me parla de moi, de ma famille, de mon milieu social. Elle me dit: «Oh! je sais que vos parents connaissent des gens très bien. Vous êtes ami de Robert Forestier‣ et de

2 **décent, e:** anständig, geziemend (*la décence:* Anständigkeit). | 3 **la gorgée:** Schluck. | 4 **impérieux, -euse:** gebieterisch. | 7 **l'incarnation** (f.): Verkörperung. | 7 f. **le modèle:** Vorlage, Muster. | 10 **la courtoisie:** Höflichkeit. | **l'hôte** (m.): hier: Gast. | 11 **la couche:** (Bett-)Lager. | 13 **apitoyé, e:** mitfühlend, ergriffen. | 16 **immobilisé, e:** reglos.

Suzanne Delage‣.» À la première minute, ces noms ne me dirent absolument rien. Mais tout d'un coup, je me rappelai que j'avais en effet joué aux Champs-Élysées avec Robert Forestier que je n'avais jamais revu. Quant à Suzanne Delage, c'était la petite-nièce de Mme Blandais‣ et j'avais dû une fois aller à une leçon de danse et même tenir un petit rôle dans une comédie de salon, chez ses parents. Mais la peur d'avoir le fou rire, et des saignements de nez m'avaient empêché, de sorte que je ne l'avais jamais vue. J'avais tout au plus cru comprendre autrefois que l'institutrice à plumet des Swann‣ avait été chez ses parents, mais peut-être n'était-ce qu'une sœur de cette institutrice ou une amie. Je protestai à Albertine que Robert Forestier et Suzanne Delage tenaient peu de place dans ma vie. «C'est possible, vos mères sont liées, cela permet de vous situer. Je croise souvent Suzanne Delage avenue de Messine, elle a du chic.» Nos mères ne se connaissaient que dans l'imagination de Mme Bontemps qui, ayant su que j'avais joué jadis avec Robert Forestier auquel, paraît-il, je récitais des vers, en avait conclu que nous étions unis par des relations de famille. Elle ne laissait jamais, m'a-t-on dit, passer le nom de maman sans dire: «Ah! oui, c'est le milieu des Delage, des Forestier, etc.», donnant à mes parents un bon point qu'ils ne méritaient pas.

4 **quant à …:** was … betrifft/betraf. | 5 **le petit-neveu / la petite-nièce:** Großneffe/Großnichte. | 8 **avoir le fou rire:** furchtbar lachen müssen, einen Lachanfall bekommen. | **le saignement:** Blutung, Bluten. | 9 f. **tout au plus:** allerhöchstens. | 10 **l'institutrice** (f.): hier: Gouvernante. | **le plumet:** Federbusch, Hutfeder. | 13 **protester qc à qn:** hier: jdm. etwas beteuern/versichern. | 15 **situer qn/qc:** jdn./etwas einordnen. | **croiser qn:** jdm. begegnen. | 16 **avenue de Messine:** im 8. Arrondissement.

Spontanément, par un devoir de confidences que le rapprochement des corps crée, au début du moins, avant qu'il n'engendre la duplicité spéciale et le secret envers le même être, Albertine me raconta sur sa famille et un oncle d'Andrée une histoire dont elle avait, à Balbec, refusé de me dire un seul mot, mais elle ne pensait pas qu'elle dût paraître avoir encore des secrets à mon égard. Maintenant sa meilleure amie lui eût raconté quelque chose contre moi qu'elle se fût fait un devoir de me le rapporter. J'insistai pour qu'elle rentrât, elle finit par partir, mais si confuse pour moi de ma grossièreté, qu'elle riait presque pour m'excuser, comme une maîtresse de maison chez qui on va en veston, qui vous accepte ainsi mais à qui cela n'est pas indifférent.

– Vous riez? lui dis-je.

– Je ne ris pas, je vous souris, me répondit-elle tendrement. Quand est-ce que je vous revois? ajouta-t-elle comme n'admettant pas que ce que nous venions de faire, puisque c'en est d'habitude le couronnement, ne fût pas au moins le prélude d'une amitié grande, d'une amitié préexistante et que nous nous devions de découvrir, de confesser et qui seule pouvait expliquer ce à quoi nous nous étions livrés.

– Puisque vous m'y autorisez, quand je serai libre, je vous ferai chercher.

Je n'osai lui dire que je voulais tout subordonner à la possibilité de voir Mme de Stermaria.

1 **la confidence:** vertrauliche Mitteilung, Vertraulichkeit. | 3 **engendrer qn/qc:** jdn./etwas zeugen; (fig.) etwas erzeugen/hervorbringen. | **la duplicité:** Doppelzüngigkeit, Falschheit. | 12 **la maîtresse de maison:** Hausherrin, Dame des Hauses. | **le veston:** Jacke. | 18 **le couronnement:** Krönung. | 19 **le prélude:** Auftakt. | 21 **se livrer à qc:** sich einer Sache hingeben. | 24 **subordonner qc à qc:** etwas einer Sache unterordnen.

– Hélas! ce sera à l'improviste, je ne sais jamais d'avance, lui dis-je. Serait-ce possible que je vous fisse chercher le soir quand je serai libre?

– Ce sera très possible bientôt, car j'aurai une entrée indépendante de celle de ma tante. Mais en ce moment c'est impraticable. En tout cas je viendrai à tout hasard demain ou après-demain dans l'après-midi. Vous ne me recevrez que si vous le pouvez.

Arrivée à la porte, étonnée que je ne l'eusse pas devancée, elle me tendit sa joue, trouvant qu'il n'était nul besoin d'un grossier désir physique pour que maintenant nous nous embrassions. Comme les courtes relations que nous avions eues tout à l'heure ensemble étaient de celles auxquelles conduisent parfois une intimité absolue et un choix du cœur, Albertine avait cru devoir improviser et ajouter momentanément aux baisers que nous avions échangés sur mon lit, le sentiment dont ils eussent été le signe pour un chevalier et sa dame tels que pouvait les concevoir un jongleur gothique.

1 **à l'improviste:** unerwartet, überraschend. | 6 **impraticable:** undurchführbar. | **à tout °hasard** (m.): für alle Fälle. | 9 f. **devancer qn:** jdm. zuvorkommen. | 18 **le chevalier:** Ritter. | **concevoir qc:** etwas ersinnen. | 19 **le jongleur / la jongleuse:** Spielmann/Spielfrau.

Anhang

Editorische Notiz

Der französische Text folgt dem Erstdruck der Novelle:

> Marcel Proust: Un baiser. In: La Nouvelle Revue Française. Nr. 89. Bd. 16. 1921. S. 129–156.

Das Glossar enthält alle Wörter, die nicht im *Thematischen Grund- und Aufbauwortschatz Französisch* von Wolfgang Fischer und Anne-Marie Le Plouhinec (Stuttgart: Klett, 3ème édition 2015) enthalten sind. Dabei wird der Grundwortschatz als bekannt vorausgesetzt; Wörter, die zum Aufbauwortschatz zählen, sind bei Bedarf erklärt.

Ein ° vor einem Wort, das mit *h* beginnt, bedeutet, dass es sich hier um ein »h aspiré« handelt, bei dem, anders als beim »h muet«, nicht gebunden (*liaison*) oder gekürzt (*élision*) wird. Beispiele: *la °hanche* (Hüfte); *se °heurter à qc* (an etwas stoßen).

Im Glossar verwendete französische Abkürzungen

conj.	conjonction (Konjunktion)
f.	féminin (weiblich)
fam.	familier (umgangssprachlich)
fig.	au sens figuré (im übertragenen Sinn)
m.	masculin (männlich)
pl.	pluriel (Plural)
subst.	substantif (Substantiv)

Proust benutzt den heute im gesprochenen Französisch fast völlig verschwundenen und auch in der Schriftsprache nur selten anzutreffenden ***subjonctif imparfait***: »que j'eusse« (*avoir*); »qu'il fisse« (*faire*); »qu'ils fussent« (*être*), »que je susse« (*savoir*) usw. Er ist einfach zu bilden, denn er wird stets mit denselben Endungen von der 2. Pers. Sing. des *passé simple* ohne das Schluss-*s* abgeleitet. Als Beispiel das Verb *chanter*:

2. Pers. Sing. *passé simple*: ***tu chanta|s***
Ableitung:

-sse	*que je chant**asse***
-sses	*que tu chant**asses***
-^t	*qu'il/elle chant**ât***
-ssions	*que nous chant**assions***
-ssiez	*que vous chant**assiez***
-ssent	*qu'ils/elles chant**assent***

Daneben gibt es den ***subjonctif plus-que-parfait***, den Proust nach der traditionellen Grammatik ebenfalls benutzt (»sans que j'eusse entendu sonner«). Er wird mit den *subjontif-imparfait*-Formen von *avoir* und *être* und dem *participe passé* gebildet. Als Beispiele die Verben *chanter* (mit *avoir*) und *partir* (mit *être*):

avoir (2. Pers. Sing. *passé simple*: ***tu eu|s***) + *chanter*
*que j'**eusse** chanté*
*que tu **eusses** chanté*
*qu'il/elle **eusse** chanté*

que nous **eussions** *chanté*
que vous **eussiez** *chanté*
qu'ils/elles **eussent** *chanté*

être (2. Pers. Sing. *passé simple*: ***tu fu|s***) + *partir*
que je ***fusse*** *parti(e)*
que tu ***fusses*** *parti(e)*
qu'il/elle ***fût*** *parti(e)*
que nous ***fussions*** *parti(e)s*
que vous ***fussiez*** *parti(e)s*
qu'ils/elles ***fussent*** *parti(e)s*

Zeittafel zu Leben und Werk Marcel Prousts

1871 10. Juli: Marcel Proust wird im Pariser Vorort Auteuil um 11 Uhr abends geboren (im Haus seines Großonkels mütterlicherseits Louis Weil)

1873 24. Mai: Geburt des Bruders Robert

1882 Oktober: Eintritt ins Lycée Condorcet

1889 Abitur
Tod der Großmutter väterlicherseits
ab November einjähriger Wehrdienst in Orléans

1890 Tod der Großmutter mütterlicherseits
Proust schreibt sich an der Faculté de droit der Sorbonne und an der École libre des sciences politiques ein

1893 Abschluss des Jura-Studiums (»licence en droit«)

1894 Proust lernt Reynaldo Hahn kennen, der für kurze Zeit sein Geliebter wird und sein lebenslanger engster Freund bleibt

1895 Abschluss des Philosophie-Studiums (»licence ès lettres«)
Beginn der Arbeit am Roman *Jean Santeuil* (unvollendet; der Titel stammt vom postumen Herausgeber)

1896 erste Veröffentlichung: *Les Plaisirs et les Jours* (Essays, Novellen und Prosagedichte, mit Aquarellen von Madeleine Lemaire und Noten von Reynaldo Hahn; 1918 sind 329 Exemplare verkauft)
Tod des Onkels Louis Weil

1898 Beginn der Übersetzung von Ruskins *The Bible of Amiens*

1903 Robert Proust heiratet Marthe Dubois-Amiot, die

nach dem Tod ihres Mannes (1935) das Erbe übernimmt und zahlreiche Briefe Prousts vernichtet
Tod des Vaters

1904 Beginn der Übersetzung von Ruskins *Sesame and Lilies*
La Bible d'Amiens erscheint

1905 Tod der Mutter, der Proust so sehr erschüttert, dass er für zwei Monate in ein Sanatorium geht

1906 *Sésame et les Lys* erscheint

1908 Beginn der Arbeit an *Contre Sainte-Beuve*, zum großen Teil noch essayistische Skizzen zum Roman (unvollendet; der Titel stammt vom postumen Herausgeber)

1909 Beginn der Arbeit an *À la recherche du temps perdu*

1913 Proust stellt Alfred Agostinelli als Sekretär an, der mit seiner Verlobten bei ihm einzieht
Du côté de chez Swann erscheint im November (mit dem Erscheinungsdatum 1914) im Verlag Grasset

1914 Céleste Albaret, Ehefrau seines Chauffeurs Odilon Albaret, zieht als Haushälterin bei Proust ein

1916 Proust wechselt zum Verlag Gallimard, wo André Gide als Lektor *Du côté de chez Swann* abgelehnt hatte

1918 *À l'ombre des jeunes filles en fleurs* erscheint

1919 Proust erhält für *À l'ombre des jeunes filles en fleurs* den Prix Goncourt

1920 *Le Côté de Guermantes* I erscheint

1921 *Le Côté de Guermantes* II erscheint zusammen mit *Sodome et Gomorrhe* I in einem Band

1922 im Frühjahr: Beendigung der Arbeit an *À la recherche du temps perdu*

Sodome et Gomorrhe II erscheint
18. November: Proust stirbt an einer Lungenentzündung

1923 *La Prisonnière*

1925 *Albertine disparue*

1927 *Le Temps retrouvé*

1952 *Jean Santeuil*

1954 erste kommentierte Ausgabe von *À la recherche du temps perdu* (3 Bde.; Gallimard, Bibliothèque de la Pléiade)
Contre Sainte-Beuve

Bilder zu Leben und Werk

Von oben link nach unten rechts: Adrien, der Vater; Jeanne, die Mutter; Großvater Nathé und Großmutter Adèle, Jeannes Eltern

Marcel 1887

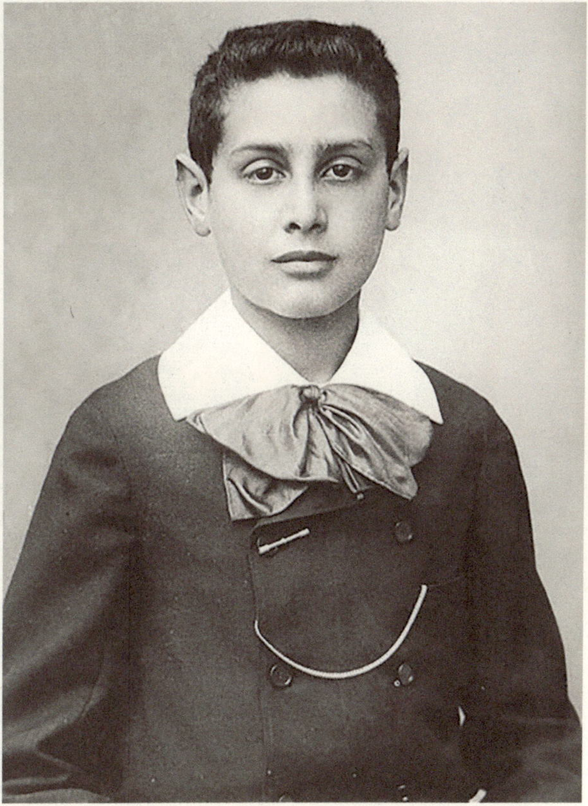

Robert Proust 1887

Marcel 1892, das berühmte Porträt von Jacques-Émile Blanche

Marcel 1896 – ullstein bild-adoc-photos / Photographe inconnu

Reynaldo Hahn 1898

Robert de Flers (oben links), Lucien Daudet und Marcel, 1896. Seine Mutter verbot ihm, das Foto zu verbreiten. – History and Art Collection / Alamy Stock Foto

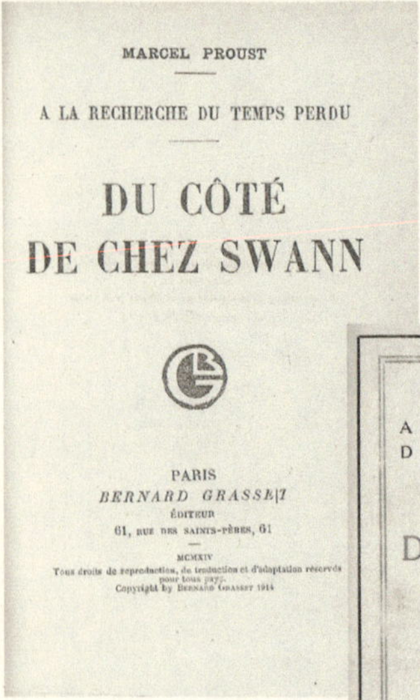

MARCEL PROUST

A LA RECHERCHE DU TEMPS PERDU

DU CÔTÉ DE CHEZ SWANN

PARIS
BERNARD GRASSET
ÉDITEUR
61, RUE DES SAINTS-PÈRES, 61

MCMXIV
Tous droits de reproduction, de traduction et d'adaptation réservés pour tous pays.
Copyright by Bernard Grasset 1914

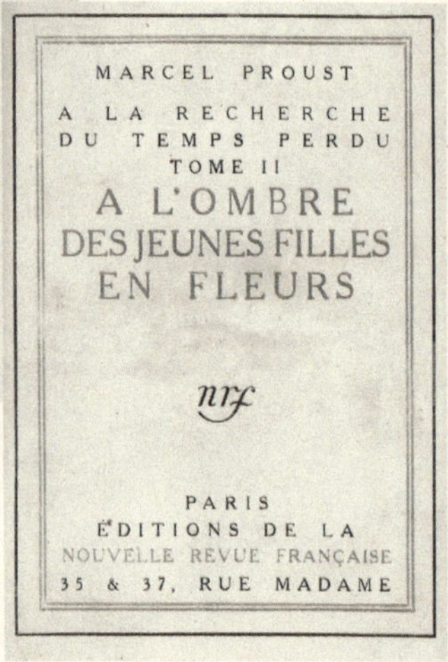

MARCEL PROUST

A LA RECHERCHE DU TEMPS PERDU
TOME II

A L'OMBRE DES JEUNES FILLES EN FLEURS

nrf

PARIS
ÉDITIONS DE LA NOUVELLE REVUE FRANÇAISE
35 & 37, RUE MADAME

Der seltene Erstdruck von *Du côté de chez Swann* (Band I der *Suche*) bei Grasset mit dem Druckfehler in der Verlagsangabe (links). Insgesamt umfasste die Erstauflage 1750 Exemplare, Proust ließ jedoch den Druck unterbrechen, um Fehler, die er entdeckt hatte, gleich zu korrigieren. – Rechts die Erstausgabe von Band II, *À l'ombre des jeunes filles en fleurs*, im von Antoine Gallimard geleiteten Verlag der *Nouvelle Revue Française*.

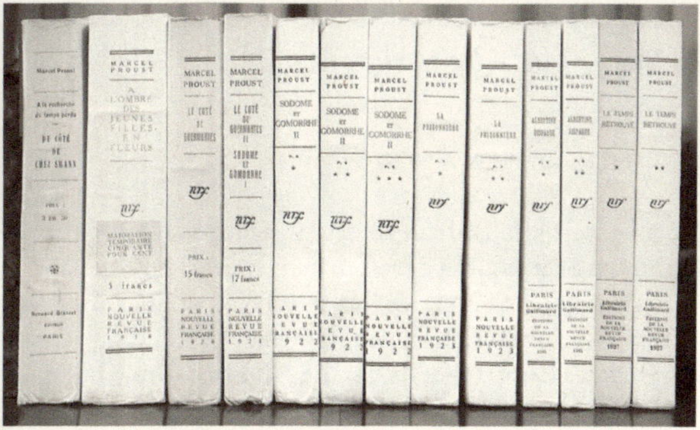

Sämtliche Bände von *À la recherche du temps perdu* in Erstausgaben, 1913–27. – © Librairie Le Feu Follet – Edition-Originale.com

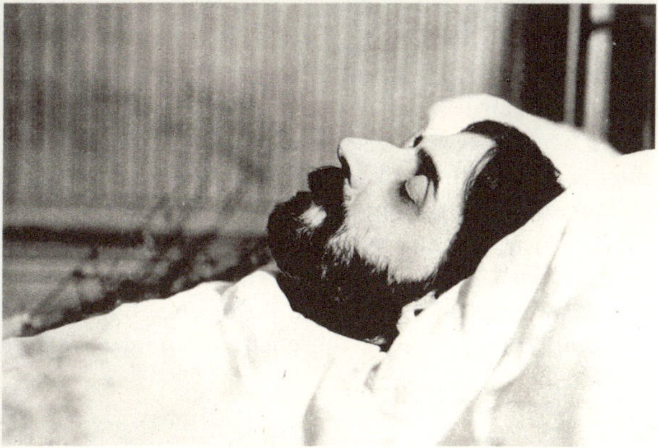

Marcel Proust auf dem Totenbett. Foto von (vermutlich) Man Ray – Photo 12 / Alamy Stock Foto

Inhaltsübersicht zur *Suche nach der verlorenen Zeit*

Band I: Auf dem Weg zu Swann

»Lange Zeit bin ich früh schlafen gegangen.« Mit dem berühmten Satz beginnt der Roman. Der Erzähler – in Band V, nach fast 3000 Seiten, erfährt man, dass er Marcel heißen könnte – erinnert sich an Kindheitstage in Combray: an das Drama des Zubettgehens, an die ländliche Umgebung, an Spaziergänge und an die beiden »Seiten« dort: die (bürgerliche) von Swann und die (aristokratische) von Guermantes. Ein erstes Mal wird er Jahre später die Erfahrung der unwillkürlichen Erinnerung machen, als er den Geschmack einer in Lindenblütentee getauchten Madeleine auf der Zunge spürt und Combray vor ihm wiederaufersteht. Masturbationsszene in der Dachkammer im Angesicht des Wehrturms von Roussainville. Beobachtung einer lesbischen Szene zwischen Mademoiselle Vinteuil und ihrer Freundin. Im Park von Tansonville bei Combray sieht er zum ersten Mal Gilberte Swann. – Eingeschoben ist hier die Geschichte der Liebe von Charles Swann zu Odette, die sich vor der Geburt des Erzählers abspielt. Darin treten erstmals Madame Verdurin und ihr Salon auf. – In Paris, auf den Champs-Élysées, begegnet der Erzähler Gilberte wieder.

Band II: Im Schatten junger Mädchenblüte

Der Marquis de Norpois, ein Diplomat, zum Abendessen bei den Eltern des Erzählers; langes Gespräch über Theater, Literatur und anderes. Im Toilettenhäuschen auf den Champs-Élysées erregt den Erzähler der modrige Geruch, kurz darauf hat er beim Gerangel mit Gilberte einen Orgasmus. Immer häufiger ist er bei den Swanns zu Gast. Er lernt den von ihm bewunderten Schriftsteller Bergotte kennen. – Mit seiner Großmutter fährt er ins Seebad Balbec. Dort lernt er Madame de Villeparisis kennen, Robert de Saint-Loup, dessen Onkel, den Baron de Charlus (beide stammen aus dem hochadeligen Geschlecht der Guermantes), die Prinzessin von Luxemburg, den Maler Elstir und vor allem die Schar junger Mädchen, der er sich bald anschließt. In Albertine verliebt er sich.

Band III: Der Weg nach Guermantes

Die Familie bezieht eine neue Wohnung in einem Seitenflügel des Stadtpalais der Guermantes. Der Erzähler besucht eine Aufführung von Racines *Phèdre*. Er verliebt sich in die Herzogin von Guermantes und besucht Saint-Loup, ihren Neffen, in seiner Garnison. Später lernt er dessen Geliebte kennen – Rachel, die er als Prostituierte schon kennt. Bei Madame de Villparisis ist er zu einem Nachmittagsempfang geladen, in den Gesprächen dort spielt die Dreyfus-Affäre eine wichtige Rolle. Auf dem Heimweg bietet der Baron de Charlus ihm an, ihn zu fördern. – Die Großmutter des Erzählers stirbt. Albertine kommt überraschend zu Besuch, sie lässt sich küssen. Einladungen zum Diner bei Madame de Villeparisis und bei der Herzogin von Guermantes. Besuch beim Baron de Charlus und bei der Prinzessin von Guermantes, wo auch Swann, der schon dem Tod entgegensieht, zu Gast ist.

Band IV: Sodom und Gomorrha

Im Innenhof des Palais der Guermantes beobachtet der Erzähler eine homosexuelle Begegnung zwischen dem Baron de Charlus und dem Westenschneider Jupien. Nachdenken über das Wesen der Homosexuellen. Soirée bei der Prinzessin von Guermantes. – Zweite Reise nach Balbec. Im Kasino sieht er Andrée mit Albertine eng Brust an Brust tanzen und verdächtigt sie lesbischer Neigungen. Der Salon Verdurin in der Sommerfrische, wo zum ersten Mal der Baron de Charlus zusammen mit seinem Geliebten, dem Violonisten Morel, erscheint. Autoausflüge mit Albertine. Der Erzähler drängt sie, mit ihm nach Paris zurückzukehren, und beschließt, sie zu heiraten.

Band V: Die Gefangene

Gemeinsames Leben mit Albertine in der elterlichen Wohnung. Albertine im Schlaf; »Marcel« – der Name fällt zum ersten Mal. Zunehmende Eifersucht, Verdächtigungen, Misstrauen, Lügen, Überwachung. Die Rufe der Straßenhändler. Tod Bergottes. Die Verdurins inszenieren die Bloßstellung des Baron de Charlus, eine regelrechte Hinrichtung. Trennungsgedanken, Todesahnungen. Marcel beschließt endgültig, sich von Albertine zu trennen, doch am Morgen ist sie schon weg.

Band VI: Die Entflohene

Versuche, Albertine zurückzuholen. Nachricht von ihrem Tod bei einem Reitunfall. Neue Erkenntnisse über ihre lesbischen Beziehungen. Gilberte ist jetzt Mademoiselle de Forcheville. – Mit der Mutter Reise nach Venedig. Gilberte hat Saint-Loup geheiratet. Besuch bei ihr in Tansonville, Wiederaufleben der Freundschaft und gemeinsame Spaziergänge. Die beiden »Seiten« sind jetzt vereint. Saint-Loup betrügt sie, er ist homosexuell.

Band VII: Die wiedergefundene Zeit

Marcel verbringt mehrere Jahre in einem Sanatorium und kehrt Anfang 1916 für kurze Zeit nach Paris zurück. Der Krieg hat die Stadt völlig verändert; genauso hat sich die Gesellschaft verändert. Madame Verdurin führt mittlerweile den angesehensten Salon der Stadt. Fliegerangriff, als wagnerianisches Schauspiel erlebt. Nächtlicher Spaziergang durch das verdunkelte Paris. Ein Hotel, in das Marcel geht, um etwas zu trinken, entpuppt sich als Männerbordell. Er beobachtet, wie der Baron de Charlus sich peitschen lässt. Saint-Loup ist an der Front gefallen. Erneut vergehen Jahre im Sanatorium. – Matinée bei der Prinzessin von Guermantes, von Marcel als groteskes Maskenspiel erlebt: Viele der einstigen Bekannten sind, schlotterig, vergreist, siech, kaum wiederzuerkennen. Madame Verdurin hat mittlerweile den Prinzen von Guermantes geheiratet, Odette ist jetzt die Geliebte des Herzogs von Guermantes, und Gilberte hält Marcel, als er sie wiedersieht, zunächst für ihre Mutter. – Sein eigenes Alter wird ihm bewusst. Wird ihm die Zeit für sein Werk bleiben? »Ich würde daher, sollte mir die Kraft, mein Werk zu vollenden, lange genug erhalten bleiben, zunächst darauf bedacht sein, die Menschen, auch auf die Gefahr hin, dass sie als Ungeheuer erscheinen, darin als Wesen zu beschreiben, die einen viel größeren Platz einnehmen als den beschränkten Platz, der ihnen im Raum vorbehalten ist, einen Platz von grenzenloser Ausdehnung vielmehr – da sie ja, wie Riesen, die weit hinabragen in die Jahre, so weit voneinander entfernte Epochen zugleich berühren, die sie durchlebt und zwischen die so viele Tage sich geschoben haben – in der Zeit.«

So schließt der Roman, und so steht am Beginn wie am Ende von 4000 Seiten *Suche nach der verlorenen Zeit*: die Zeit.

Zu den hier erwähnten Personen, die auch in *Un baiser* vorkommen, gibt es weitere Erläuterungen im kommentierten Namenverzeichnis, S. 69 ff. Detaillierte Informationen über jede Person in der *Suche nach der verlorenen Zeit* im *Handbuch zu Marcel Prousts »Auf der Suche nach der verlorenen Zeit«* von Bernd-Jürgen Fischer, Reclam 2017.

Kommentiertes Namenverzeichnis

Albertine mit vollem Namen Albertine Simonet, wohnt in der Novelle bei ihrer Tante Madame Bontemps und ist eines der Mädchen aus der »kleinen Bande« (▸ petite bande) und eine der wichtigsten Figuren in der *Suche nach der verlorenen Zeit.* Marcel lernt sie in ▸ Balbec kennen und verliebt sich in sie. In Band II, im Hotel in Balbec, verweigert sie ihm den Kuss, den sie ihm, mittlerweile viel abgebrühter als Marcel, in *Un baiser* gestattet. Die Bände IV–VI der *Suche* (*Sodom und Gomorrha, Die Gefangene, Die Entflohene*) werden auch als »roman d'Albertine« bezeichnet: Liebe, quälende Eifersucht, Trennung, schließlich der Unfalltod Albertines. Darin spiegelt sich ein reales Ereignis: Prousts Geliebter Alfred Agostinelli (geb. 1888) stürzte im Mai 1914, nachdem er auf einer Flugschule in Antibes die Pilotenlizenz erworben hatte, schon bei seinem zweiten selbstständigen Flug über dem Meer ab und kam ums Leben. Im Juni 1914 schrieb Proust an André Gide: »[D]as Maß ist übervoll geworden durch den Tod eines jungen Freundes, den ich wohl mehr geliebt haben mag als alle anderen«. Und im Oktober an Reynaldo Hahn: »Alfred liebte ich wirklich. Es genügt

Alfred Agostinelli

Werbeplakat für die Compagnie des Chemins de Fer de l'Ouest, 1896. Im Hintergrund ist das Grand Hôtel zu erkennen.

nicht, wenn ich sage, dass ich ihn liebte, ich betete ihn an. Ich weiß nicht, warum ich das in der Vergangenheitsform schreibe, denn ich liebe ihn noch immer.«

Andrée ▸ petite bande

Balbec fiktiver Badeort in der Normandie, hinter dem das reale Seebad Cabourg steht. Proust kam, begleitet von seiner Großmutter (▸ grand'mère), 1881 zum ersten Mal nach Cabourg, um sein Asthma zu kurieren (1880 war der Ort an die Bahnstrecke von Paris nach Deauville angeschlossen worden), und verbrachte dort, im 1907 eröffneten Grand Hôtel, bis 1914 jeden Sommer. In Balbec spielen vor allem Band II (*Im Schatten junger Mädchenblüte*) und IV (*Sodom und Gomorrha*) der *Suche nach der verlorenen Zeit.*

Die Champs-Élysées um 1905, vor dem Kaspertheater – www.parisrues.com

Blandais Madame Blandais, Gattin eines Notars aus Le Mans, mit dem sie im Grand Hôtel von ▸Balbec zu Gast ist

Bontemps ▸Albertine

Bretagne ▸Stermaria

Champs-Élysées Die heutige Prachtstraße war vor der Erfindung des Automobils vor allem eine Promenade, zu beiden Seiten lag der Park (»les jardins des Champs-Élysées«) mit verschiedenen Vergnügungsmöglichkeiten wie Karussells oder dem auf dem Foto im Vordergrund zu sehenden Ziegenwägelchen (das auch in der *Suche nach der verlorenen Zeit* vorkommt), sowie öffentlichen Toiletten, die zu den ersten in Frankreich zählten. Die Wohnung der Prousts am Boulevard Malesherbes war zu Fuß etwa 20 Minuten entfernt, und der Marcel des Romans geht

Prousts Schlafzimmer in Illiers

mit ▸ Françoise regelmäßig zum Spielen dorthin (und hat bei einem Gerangel mit ▸ Gilberte einen Orgasmus; auf diese Szene in Band II, *Im Schatten junger Mädchenblüte*, wird in der Novelle angespielt). Im nördlichen Teil der Anlage, nicht weit vom Élysée-Palast, dem Sitz des Staatspräsidenten, liegt heute die Allée Marcel Proust.

Combray wie ▸ Balbec ein fiktiver Ort, hinter dem ein realer steht. In diesem Fall das Städtchen Illiers (das sich seit 1971, Prousts 100. Geburtstag, Illiers-Combray nennt), etwa 25 km südwestlich von Chartres und 120 km von Paris. Aus Illiers stammte die Familie von Prousts Vater. Nach ihm wurde die Rue du Docteur Proust, früher Rue du Saint-Esprit, benannt, an der das Haus von Tante Léonie (▸ tante; real: Élisabeth Proust) liegt. Die Prousts ver-

Die Erschaffung Evas. Relief an der Fassade des Doms von Orvieto

brachten dort von 1877 bis 1880 ihre Oster- und ihre Sommerferien. Heute ist das Haus ein Museum und Sitz der Société des amis de Marcel Proust et des amis de Combray.

Darwin Charles Darwin (1809–82), Begründer der Evolutionstheorie (»survival of the fittest«, was häufig übersetzt wird als »Überleben der Stärksten«, aber das Überleben der am besten Angepassten meint), die er in seinem Hauptwerk *On the Origin of Species by Means of Natural Selection, or the Preservation of Favoured Races in the Struggle for Life* dargelegt hat; ▸ Albertine nimmt in der Novelle den Begriff der »sélection« auf.

Doncières fiktive Garnisonsstadt in der Nähe von ▸Balbec, wo Robert de ▸Saint-Loup mit seinem Regiment stationiert ist und wo Marcel ihn in Band III (*Der Weg nach Guermantes*) besucht.

Elstir von Marcel bewunderter (fiktiver) Maler, der sein Atelier in ▸Balbec hat und Marcel die ersehnte Bekanntschaft mit ▸Albertine vermittelt.

Ève die biblische Eva. Auf Seite 20 wird Bezug genommen auf die Darstellung der Erschaffung Evas am Dom von Orvieto (die im Text nach Balbec verlegt wird).

Fontainebleau Der Golfplatz von Fontainebleau (südlich von Paris) wurde 1909 eröffnet und ist einer der ältesten Frankreichs.

Françoise (ohne Nachnamen, wie bei Dienstboten zu jener Zeit üblich), die Köchin und Haushälterin von Tante Léonie (▸tante) in ▸Combray und nach deren Tod von Marcels Eltern in ▸Paris, ebenfalls eine zentrale Gestalt in der *Suche nach der verlorenen Zeit*, die erst für die Familie, dann für Marcel sorgt, seine »paperoles« (seinen »Papierkram«, handschriftliche Manuskriptteile) zusammenflickt wie ihre Wäschestücke und ihn genauso überleben wird, wie seine reale Haushälterin, Céleste Albaret (1891–1984), Proust überlebte.

Prousts Haushälterin Céleste Albaret

Gilberte Marcels erste Liebe. Sie ist die Tochter der Edelkurtisane Odette und (wahrscheinlich) von Charles ▸ Swann, dessen Namen sie trägt. Marcel sieht sie zum ersten Mal bei einem Spaziergang in der Umgebung von ▸ Combray (»Ein kleines Mädchen mit hellen, rotblonden Haaren, das gerade von einem Spaziergang zurückzukehren schien und in der Hand eine Gartenschaufel hielt, betrachtete uns und erhob dabei ihr mit rosa Sommersprossen übersätes Gesicht. Ihre dunklen Augen funkelten«; Band 1, S. 196 f.; gleich darauf macht sie eine obszöne Handbewegung, die erst ganz am Ende erklärt wird) und lernt sie später auf den ▸ Champs-Élysées näher kennen, wohin ihn ▸ Françoise regelmäßig zum Spielen ausführt. In Band VI heiratet sie Robert de ▸ Saint-Loup.

Gisèle ▸ petite bande

grand'mère Neben Tante Léonie (▸ tante) haben drei weitere Familienmitglieder bedeutende Rollen in der *Suche nach der verlorenen Zeit*: Marcels Mutter, sein Vater und die Großmutter mütterlicherseits, Bathilde. Sie begleitet den kleinen Marcel ins Theater (in ▸ Racines *Phèdre* natürlich), fährt mit ihm nach ▸ Balbec, sorgt sich um seine Gesundheit und seine Erziehung. Proust hat ihren Tod in Band III (*Der Weg nach Guermantes*) auf ergreifende Weise geschildert; »Marcel, Sie sind großartig. Neben Ihnen ist die ganze Literatur dumm, platt, ungenügend. Der Tod der Großmutter ein Meisterwerk!«, schrieb ihm Jean Cocteau. Die Großmutter des Romans hat Züge sowohl von Prousts Mutter (▸ mère) als auch von deren Mutter, Adèle Weil.

Herculanum lat. und dt. Herculaneum (ital. Ercolano),

»La Justice et la Vengeance divine poursuivant le Crime«

antike römische Stadt am Golf von Neapel, die beim Ausbruch des Vesuv im Jahr 79 v. Chr. zerstört wurde. Erhalten sind unter anderem Wandmalereien mit Amoretten, den im Text erwähnten *amours d'Herculanum*.

Irving Sir Henry Irving (eigtl. John Henry Brodribb; 1838–1905), britischer Theaterschauspieler, der bedeutendste Shakespeare-Darsteller seiner Zeit. Er soll auch das Vorbild für Graf Dracula im Roman von Bram Stoker gewesen sein, mit dem er befreundet war.

Jupien Westenschneider, der sein Atelier im Innenhof des Stadtpalais der Guermantes hat. Marcel wird dort heimlicher Zeuge einer homosexuellen Begegnung zwischen ihm und dem Baron de Charlus, der Jupien später als Sekretär einstellt. In Band VII (*Die wiedergefundene Zeit*) betreibt er für Charlus das Männerbordell, wo dieser sich peitschen lässt. Cousin von Odette (▸ Swann).

Justice éclairant le Crime »Die Gerechtigkeit und die göttliche Rache verfolgen das Verbrechen«, Gemälde von Pierre-Paul Prud'hon (1808)

Lemaître Antoine Louis Prosper »Frédérick« Lemaître (1800–18), berühmter französischer Schauspieler, besonders in Melodramen

maîtresse ▸ Rachel

Maroc Marokko. Nach der Eroberung Algeriens 1830 (das 1848, mit drei Départements, integraler Bestandteil des Mutterlandes wurde) versuchte Frankreich, seinen Einfluss auch auf Marokko auszudehnen, verstärkt ab 1907, und schickte immer größere Truppenkontingente in den Eroberungskrieg, bei dem es im Konflikt mit dem Deutschen Reich stand. 1912 kam es schließlich zum französischen »Protektorat« Marokko.

mère die Mutter des Erzählers, zumeist »maman« (Mama) genannt. – Es ist sicher nicht übertrieben, wenn man seine Mutter als die wichtigste Person im Leben Prousts bezeichnet. Jeanne Weil hatte 1870 mit 21 Jahren den fünfzehn Jahre älteren Arzt Adrien Proust geheiratet und 1871 Marcel zur Welt gebracht (1873 folgte der Bruder Robert; ein Bruder des Erzählers kommt im Roman nicht vor). Ihr Sohn liebte sie abgöttisch und schrieb nach ihrem Tod 1905: »Mein Leben hat von nun an seinen einzigen Zweck verloren, seine einzige Süße, seine einzige Liebe, seinen einzigen Trost.« Die Beziehung des Erzählers Marcel im Roman (der nicht mit dem realen Marcel

Proust verwechselt werden darf!) ist ähnlich: Das größte Unglück ist der verweigerte Gutenachtkuss der Mutter (▸ père; ▸ Swann).

Paris Die *Suche nach der verlorenen Zeit* spielt im Wesentlichen an drei Orten: Paris, ▸ Combray und ▸ Balbec; daneben gibt es, wie im realen Leben Prousts, in Band VI (*Die Entflohene*) eine Reise mit »maman« (▸ mère) nach Venedig (▸ Venise). Marcel Proust wurde in Paris geboren, die meiste Zeit seines Lebens verbrachte er dort, und dort starb er. Als er im Vorort Auteuil auf die Welt kommt (siehe dazu das Nachwort), wohnt die Familie in der Rue Roy (8. Arrondissement). 1873 zieht man um an den Boulevard Malesherbes (8. Arr.) und bleibt dort bis 1900, dann zieht man in eine 300 qm große Wohnung in der Rue de Courcelles (8. Arr.). Nach dem Tod des Vaters (1903) und der Mutter (1905) war diese Wohnung zu groß für Proust, auch lief 1906 der Mietvertrag aus, und er zieht in ein Haus am Boulevard Haussmann (8. Arr.), das zur Hälfte seiner Tante Amélie Weil, Witwe seines Onkels Georges Weil, dem Bruder seiner Mutter, und zu je einem Viertel Marcel und seinem Bruder Robert gehört, in eine Wohnung mit immerhin sechs Zimmern. Dort schreibt er einen Großteil seines Romans, im abgedunkelten, korkgetäfelten Schlafzimmer, das von den Dünsten des Asthmapulvers, das er ständig verräuchert, durchzogen ist. Als die Tante das Haus verkauft, zieht er für kurze Zeit (Mai bis Oktober 1919) in die Rue Laurent-Pichat (16. Arr.), wo den extrem lärmempfindlichen Proust allerdings unter anderem die Liebesgeräusche der Nachbarn stören (»Ich bin unschuldig an dem Lärm im Gebäude, der von einer Etage zur anderen Beschwerden hervorruft. Die Nachbarn, von denen mich nur eine dünne Wand trennt, gehen zudem tagtäglich der Liebe mit einer Besessenheit nach, die mich eifersüchtig macht. Wenn ich bedenke, dass diese Gefühlswahrnehmung für mich sehr viel schwächer ist, als ein frisches Glas Bier zu trinken, beneide ich Leute, die derartige Schreie ausstoßen können, dass ich beim ersten Mal an einen Meuchelmord dachte, aber dann wurde recht bald der Schrei der Frau eine Oktave tiefer vom Mann aufgenommen, was mich beruhigte über das, was da vorging. Ich bin nicht für diesen Radau verantwortlich, den man über ähnlich große Entfernungen hören können dürfte wie jene Schreie verliebter Wale«; Brief von Juli 1919). Er zieht ein letztes Mal um, in die Rue de l'Amiral-Hamelin (16. Arr.). Dort stirbt er zwei Jahre später.

père der Vater des Erzählers. Gleich zu Beginn des Romans erscheint er als drohende Gestalt von alttestamentarischer Strenge in der berühmten Szene, in der Marcel den Gutenachtkuss seiner Mutter (▸ mère) zu erzwingen versucht (▸ Swann) und seinen Vater die Treppe hinaufkommen hört: »›Verschwinde, aber dalli, damit wenigstens dein Vater dich nicht hier herumlungern sieht wie einen Trottel!‹ Aber ich wiederholte: ›Komm und sag mir gute Nacht‹, während ich voller Schrecken den Schein der Kerze meines Vaters sich schon auf der Wand abzeichnen sah, aber auch sein Nahen als Mittel der Erpressung nutzte, in der Hoffnung, dass Maman, um zu vermeiden, dass mein Vater mich dort noch antreffen würde, wenn sie sich länger weigerte, schließlich zu mir sagen würde: ›Geh zurück in dein Zimmer, ich werde gleich kommen.‹ Es war zu spät, mein Vater stand schon vor uns. Unwillkürlich murmelte ich, ohne dass jemand es hörte, die Worte: ›Ich bin verloren!‹« (Band I, S. 54f.) Die Beziehung zu ihm ist ambivalent. Er ist streng, unterläuft aber die Erziehungsprinzipien von Mutter und Großmutter, aus Gleichgültigkeit, aus Schwäche auch, und erst spät erkennt Marcel: »Verbarg er nicht im Grunde unaufhörliche, geheime Stürme unter dieser notfalls mit Mahnsprüchen und von Ironie gegenüber unpassenden Gefühlsausbrüchen durchsetzten Gelassenheit, die ihm eigen war, die ich aber inzwischen auch gegenüber jedermann heuchelte und von der ich vor allem gegenüber Albertine unter bestimmten Umständen nicht ablassen konnte?« (Band V, S. 143)

petite bande die »kleine Bande« junger Mädchen in ▸Balbec. Zu ihr gehören Albertine, Andrée, Gisèle, Rosemonde und Berthe. Sie sind die »jeunes filles en fleurs«, nach denen Band II der *Suche nach der verlorenen Zeit* benannt ist. Proust sieht sie ein erstes Mal auf der Uferpromenade, »fast noch am äußersten Ende des Deiches, wo sie sich als ein merkwürdig geschlossener Fleck bewegten, fünf oder sechs junge Mädchen, die sich in ihrem Aussehen und ihrer Verhaltensweise so gänzlich unterschieden von all den Leuten, die man sonst in Balbec gewohnt war, wie es nur eine Schar Möwen hätte tun können, die von wer weiß woher am Strand gelandet sind und gemessenen Schrittes – während die Nachzügler die anderen flatternd einholen – eine Promenade machen, deren Sinn und Zweck den Badegästen, die von ihnen gar nicht wahrgenommen zu werden scheinen, ebenso rätselhaft bleibt, wie er anderseits für ihren Vogelgeist völlig klar bestimmt ist« (S. 493f.).

Piazzetta der Markusplatz in Venedig (▸Venise), ital. Piazzetta San Marco

Platon Plato, der griechische Philosoph des 4. vorchristlichen Jahrhunderts. In seinem Dialog *Kritias* beschreibt er das mythische Inselreich Atlantis.

Ponte Vecchio ital. ›alte Brücke‹, die älteste Brücke über den Arno in Florenz (14. Jahrhundert)

Rachel Marcel begegnet ihr ein erstes Mal in dem Bordell, in dem sie arbeitet. Später ist sie die Geliebte von ▸Saint-Loup (ohne dass Marcel sein Wissen preisgibt) und am Schluss eine berühmte Schauspielerin.

Racine Jean Racine (1639–99), der als Frankreichs größter Tragödiendichter gilt, insbesondere mit seiner *Phèdre* (*Phädra*), deren Aufführung Marcel mehrmals besucht, um darin die Kunst der berühmten Schauspielerin Berma zu bewundern. *Athalie* (▸Sophocle) ist seine letzte Tragödie und wird von vielen, darunter Voltaire, als absolutes Meisterwerk angesehen, erlangte jedoch nie die Popularität von *Phèdre*, die in Frankreich als *die* Tragödie schlechthin gilt.

Robert Forestier offenbar ein Spielgefährte von Marcel, über den nichts weiter bekannt ist

Saint-André-des-Champs fiktive Kirche in der Umgebung von ▸Combray

Saint-Loup Marquis Robert de Saint-Loup-en-Bray, eine weitere (fiktive) zentrale Figur der *Suche nach der verlorenen Zeit.* Schlank, elegant, hochgebildet, Kavallerieoffizier, Neffe der Herzogin von Guermantes wie auch des Baron de Charlus. Marcel lernt ihn in ▸Balbec kennen, es entsteht eine enge Freundschaft. Zunächst in ▸Doncières stationiert (wo Marcel ihn besucht), später nach Marokko (▸ Maroc) versetzt. Seine Geliebte ist ▸ Rachel, später heiratet er ▸ Gilberte; auch er erweist sich als homosexuell. Kommt im Ersten Weltkrieg ums Leben.

Salute die Kirche Santa Maria della Salute an der Einfahrt zum Canal Grande in Venedig (▸ Venise)

Simonet ▸ Albertine

Sophocle der antike Tragödiendichter Sophokles (5. Jh. v. Chr.). Die Szene, auf die hier angespielt wird, findet in Band II (*Im Schatten junger Mädchenblüte*) statt: Gisèle bekommt das Aufsatzthema »Sophokles schreibt aus der Unterwelt an ▸ Racine, um ihn über den Misserfolg von *Athalie* zu trösten« (S. 658).

stéréoscope Das Stereoskop ist ein Apparat, der es ermöglicht, Bilder anders als flach und eindimensional zu sehen: Der Betrachter blickt durch zwei Linsen auf zwei leicht versetzt aufgenommene Bilder und erhält so den Eindruck von Räumlichkeit.

Stermaria Mademoiselle de Stermaria, Tochter eines Junkers »aus einer unbedeutenden, aber sehr alten bretonischen Familie« (Ortsnamen mit »Ster-« oder auch »Ker-« sind in der Bretagne häufig, ein »Stermaria« ist allerdings nicht belegt), mit ihrem Vater im Grand Hôtel von ▸ Balbec zu Gast, wo Marcel sie zum ersten Mal sieht und bewundert; zu dem in der Novelle geplanten Diner mit ihr kommt es dann allerdings nicht.

Suzanne Delage Spielgefährtin von Marcel, über die, wie bei ▸ Robert Forestier, weiter nichts bekannt ist

Swann eine weitere Zentralfigur der *Suche nach der verlorenen Zeit*, wohlhabender Sohn eines Börsenmaklers, Kunstkenner und Mann von Welt. Charles Swann taucht

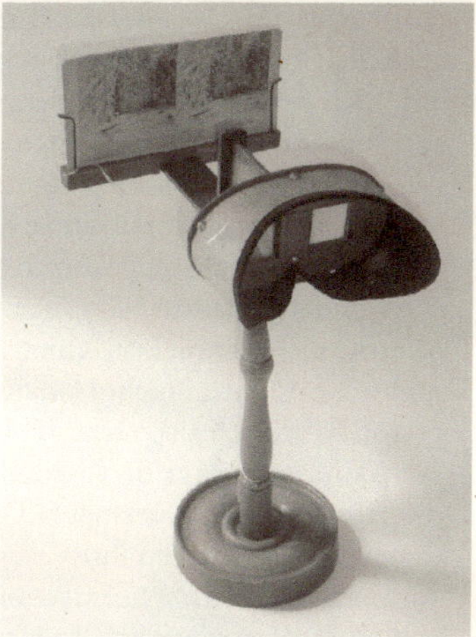

Ein einfaches Stereoskop, um 1905 – Bill Douglas, University of Exeter

gleich zu Beginn der *Suche* auf, er besitzt ein Anwesen in der Nähe von ▸ Combray, wo er Marcels Eltern, die dort, bei Tante Léonie (▸ tante), ihre Sommer verbringen, häufig abends besucht und, wenn er zum Essen bleibt, bewirkt, dass Marcels Mutter nicht zu ihm hinaufkommt, um ihm seinen Gutenachtkuss zu geben – eine der bekanntesten Szenen der *Suche*. Seine Liebesgeschichte mit Odette, die sich vor Marcels Geburt abspielt, ergibt einen ganzen, abgeschlossenen Roman innerhalb der *Suche nach der verlorenen Zeit* (*Eine Liebe von Swann*), der das Eifersuchtsdrama mit Albertine vorwegnimmt. In Band IV stirbt er, und ganz zum Schluss, in Band VII, erkennt Marcel, dass Swann die Quelle all seiner Erfahrungen, ja seines Werks ist: »Alles in allem war, wenn ich darüber nachdachte, der Stoff meiner Erfahrungen, der auch den Stoff für mein Buch abgeben würde, von Swann auf mich gekommen, und nicht nur hinsichtlich all dessen, was ihn und Gilberte anging. Denn es war er gewesen, der schon in Combray meinen Wunsch geweckt hatte, nach Balbec zu fahren, andernfalls wären meine Eltern nie auf den Gedanken gekommen, mich dorthin zu schicken, andernfalls hätte ich auch Albertine nicht kennengelernt, nicht einmal die Guermantes, denn dann hätte meine Großmutter nicht Madame de Villeparisis wiedergetroffen und ich also nicht die Bekanntschaft von Saint-Loup und Monsieur de Charlus gemacht, durch die ich die Herzogin von Guermantes kennengelernt hatte und durch diese wiederum ihre Cousine, so dass sogar meine Anwesenheit in diesem Augenblick im Palais des Prinzen von Guermantes, wo mir so jäh die Idee für mein Werk gekommen war (womit ich Swann nicht nur den Stoff, sondern auch die Entscheidung verdankte), auf Swann zurückging.«

Tacite der römische Historiker Publius Cornelius Tacitus (um 58 – um 120)

tante Tante Léonie, die allerdings nur in Band I persönlich auftritt (und stirbt), aber die beherrschende Figur in ▸Combray ist; hart gegen sich selbst und gegen andere, liebenswürdig ihrem Neffen gegenüber. In ihrem Haus verbringt die Familie Marcels regelmäßig den Sommer. Sie ist es, die Marcel eine in Lindenblütentee getunkte Madeleine reicht und damit erstmals die unwillkürliche Erinnerung in Gang setzt, die am Schluss des Romans dazu führt, dass Marcel … den Roman schreiben wird. Ihr Kanapee übrigens, das Marcel erbt, schenkt er einem Bordell.

Der Markusplatz in Venedig

Tirésias griech. Teiresias, lat. Tiresias, der blinde Seher der antiken griechischen Tragödie. In ihm klingt das Motiv der Bisexualität bzw. des Geschlechtswechsels an; dem Mythos zufolge wurde er für sieben Jahre in eine Frau verwandelt.

Venise Venedig. Proust reiste ein erstes Mal im Mai 1900 nach Venedig, zusammen mit seiner Mutter. Er hatte 1898 *The Bible of Amiens* des britischen Kunsthistorikers John Ruskin (1819–1900) zu übersetzen begonnen, bewunderte dessen *The Stones of Venice* und übersetzte danach noch Ruskins *Sesame and Lilies*. Ein zweiter Venedig-Aufenthalt, dieses Mal allein, folgte im Herbst desselben Jahres. Der Marcel des Romans reist in Band VI (*Die Entflohene*) nach Venedig, zusammen mit »maman« (▸ mère). In den vorangehenden Bänden ist Venedig vor allem ein Sehnsuchtsort. Die »Säulen auf der ▸ Piazzetta«, die in der Novelle erwähnt werden, sind den beiden Stadtpatronen Markus und Theodorus gewidmet.

Villeparisis die Marquise de Villeparisis, Großtante von

▸ Saint-Loup, eine Freundin von Marcels Großmutter; in Band III (*Der Weg nach Guermantes*) besucht er einen ihrer Nachmittagsempfänge.

Wer mehr wissen möchte, findet reichlich Material in den Anmerkungen zur siebenbändigen Übersetzung der *Suche nach der verlorenen Zeit* von Bernd-Jürgen Fischer, die von 2013 bis 2016 bei Reclam erschienen ist; im *Handbuch* dazu (Reclam 2017); im Proust-Album *Auf der Suche nach Marcel Proust* von Bernd-Jürgen Fischer (Reclam 2020) und im *Proust-ABC* von Ulrike Sprenger (Reclam 2021).

In *Mit Proust durch Paris* (Reclam 2015) führt Rainer Moritz zu den Pariser Orten, die im Leben und im Werk Prousts eine Rolle spielen. Sehr detailliert tut dasselbe die Webseite terresdecrivains.com/+-dans-le-vaste-monde-de-Proust-+. Eine weitere gute Webseite ist »Proust, ses personnages« (proust-personnages.fr/), die nicht allein über die Personen informiert.

Über die Orte des Romans gibt einen Überblick fr.wikipedia.org/wiki/Liste_des_lieux_d%27%C3%80_la_recherche_du_temps_perdu, über die Personen (insgesamt sind es mehr als 2500) fr.wikipedia.org/wiki/Liste_des_personnages_d%27%C3%80_la_recherche_du_temps_perdu.

Eine Liebe von Swann ist als Einzelausgabe 2018 im Reclam-Taschenbuch erschienen.

Jochen Schmidt hat von seinen Lektüreerfahrungen mit Proust in *Schmidt liest Proust* berichtet (siehe literaturkritik.de/id/12616), dazu gibt es eine sehr hörenswerte CD.

Eine andere Leseerfahrung schildert Alain de Botton in *Wie Proust Ihr Leben verändern kann*; siehe dazu deutsch landfunk.de/wie-proust-ihr-leben-veraendern-kann.700.de.html?dram:article_id=79293.

Beim Institut national de l'audiovisuel (ina.fr; Suchlink: ina.fr/recherche/search?search=celeste+albaret) gibt es mehrere Filme mit Céleste Albaret, u.a. eine kurze Szene, in der sie berichtet, wie Proust eines Morgens im Frühjahr 1922 zu ihr sagte, er habe nun sein Werk beendet. Die Interviews, die die Grundlage für ihr Buch *Monsieur Proust* von 1973 bilden, sind unter youtube.com/watch?v=tudBHNagOU zu hören (über 7 Stunden).

2017 wurde ein kurzer Amateurfilm entdeckt, der Proust – oder jemanden, der Marcel Proust sein könnte – 1904 für ein paar Sekunden bei der Hochzeit der Gräfin Élaine de Greffulhe mit Armand de Guiche zeigt: youtube.com/watch?v=ttgv7VjBs2I. Siehe dazu faz.net/aktuell/feuilleton/buecher/proust-film-aufgetaucht-der-mann-mit-dem-goldenen-revolver-14881294.html und nzz.ch/feuilleton/marcel-proust-ein-filmschnipsel-macht-furore-ld.146473. – Von Proust gibt es, anders als z. B. bei James Joyce, leider keine Tonaufnahme.

Nachwort

Valentin Louis Georges Eugène Marcel Proust wird am 10. Juli 1871 in Auteuil, damals noch ein ländlicher Vorort im Westen von Paris nahe des großen Stadtparks Bois de Boulogne, geboren. Das Haus (das nicht mehr steht) gehört seinem Großonkel Louis Weil. Das junge Paar – Jeanne Weil, 21, hatte den fünfzehn Jahre älteren Arzt Adrien Proust im September 1870 geheiratet – war vor den Wirren des Pariser Kommune-Aufstands aus der Stadt geflohen; es wohnte zu jener Zeit in der Rue Roy in der Innenstadt. Die Geburt ist schwierig, man fürchtet um das Leben des Kindes. Marcel ist fast ständig krank. Im Frühjahr 1881 erleidet er bei einem Spaziergang im Bois seinen ersten Asthmaanfall, an dem er fast erstickt. Die letzten zehn Jahre seines Lebens wird er weitgehend im Bett verbringen, schlafend bei Tage, in den Nächten an der Fertigstellung seines großen Romans *Auf der Suche nach der verlorenen Zeit* arbeitend.

Die Familie Proust stammt aus dem Städtchen Illiers, knapp 120 Kilometer südwestlich von Paris, Prousts Großeltern haben dort ein Lebensmittelgeschäft gegenüber der Kirche. Illiers wird als »Combray« in die *Suche* eingehen (seit 1971, Prousts 100. Geburtstag, nennt der Ort sich »Illiers-Combray« – es dürfte nicht viele Städte auf der Welt geben, die ihren Namen von einem literarischen Werk herleiten). Die Prousts verbringen dort während Marcels Kindheit ihre Ferien; nach dem Auftreten des Asthma dann fährt er im Sommer mit seiner Mutter oder mit Großmutter Weil an die normannische Küste.

Die Mutter kommt aus einer jüdischen, in Trier ansässigen Bankiersfamilie. Ihr Vater, Nathé Weil, aus einer elsässischen Familie, hatte 1845 Adèle Berncastel geheiratet, Prousts vielgeliebte Großmutter. (Der Tod der Großmutter des Erzählers in *Der Weg nach Guermantes* reißt eine tiefe Wunde. Mit 9 Jahren, im Februar 1881, schreibt Marcel einen Geburtstagsbrief an seine Großmutter, auf Deutsch, in Sütterlin-Schrift: »Geliebte Großmutter – Ich wünsche Dir viel Glück zu Deinem Geburtstag und dass man Dir keinen Zahn auszieht ...« Die Handschrift ist erstaunlich reif.)

Jeanne Proust beherrscht mehrere Sprachen, Latein, Deutsch natürlich, Englisch, spielt ausgezeichnet Klavier, liebt Kunst und Literatur. Mondäne Neigungen hat sie, im Gegensatz zu vielen ihrer Zeitgenossinnen aus dem Großbürgertum, nicht. Ihre vielseitigen Interessen gibt sie an ihren Sohn weiter, unterstützt ihn später bei seinen ersten Übersetzungen aus dem Englischen. Proust hat zu seiner Mutter zeitlebens das innigste Verhältnis. Als er 1887 zum ersten Mal den später unter seinem Namen berühmt gewordenen Fragebogen ausfüllt (das Gesellschaftsspiel stammt aus England), antwortet er auf die Frage, was sein größtes Unglück wäre: »Être séparé de maman« – »Von Mama getrennt zu sein«. Eine der berühmtesten Szenen in der *Suche* ist die des versagten Gutenachtkusses (*Auf dem Weg zu Swann*).

Die Prousts sind wohlhabend, Marcel wird, mit einer kurzen Ausnahme (ab Juni 1895 hat er durch Vermittlung des Vaters eine noch dazu unbezahlte Stelle als Hilfsbibliothekar an der Bibliothèque Mazarine, wo er nach ein paar Monaten gleich für ein ganzes Jahr Urlaub nimmt), sein Leben lang keiner geregelten Arbeit nachgehen müssen. Er wird auch, solange sie leben, bei seinen Eltern wohnen (der Vater stirbt 1903, die Mutter 1905; Prousts 1873 geborener

Bruder Robert, wie sein Vater ein bedeutender Mediziner, wird ihn um mehr als ein Jahrzehnt überleben).

Früh wird sich Proust seiner sexuellen Orientierung bewusst. Ein Brief, den er mit 17 an seinen Mitschüler Jacques Bizet, den Sohn des Komponisten (*Carmen*), richtet, legt davon Zeugnis ab; ein halbes Jahr später schreibt er für Daniel Halévy, ebenfalls ein Mitschüler, Cousin von Jacques Bizet, das Gedicht »Päderastie«. Aus derselben Zeit, von Mai 1888, stammt aber auch ein Brief, in dem er Großvater Nathé um 13 Franc fürs Bordell bittet, nachdem ein erster Besuch mit Geld von seinem Vater fehlgeschlagen war – Söhne aus gutem Hause pflegten auf diese Art ihre ersten sexuellen Erfahrungen zu machen.

Zur Vorbereitung aufs Gymnasium besucht Proust zwei Jahre lang den Grundschulkurs der Reformpädagogin Marie Pape-Carpantier, wo er Jacques Bizet kennenlernt, ab 1882 dann das ehrwürdige Lycée Condorcet. Er geht gern zur Schule. In einem Aufsatz schreibt er 1885: »Das Studium der Literatur gestattet uns, den Tod geringzuschätzen, es erhebt uns über alles Irdische, indem es zu uns vom Geistigen spricht; es veredelt all unsere Gefühle; und dieser von der Vernunft gesteuerte, fast philosophische Mut ist weit schöner als der Mut des Körpers, als die Furchtlosigkeit der Sinne, denn er ist tatsächlich der Mut des Geistes.«

1889 wird er 18, im Juli legt er das Abitur ab, am 11. November meldet er sich freiwillig zum Miliär, was ihm den Vorteil verschafft, den Einsatzort selber aussuchen zu können. Den einjährigen Dienst absolviert er in Orléans. Anschließend schreibt er sich an der juristischen Fakultät der Sorbonne sowie an der privaten École libre des sciences politiques ein; das Studium soll ihm eine Karriere als Diplomat eröffnen. 1893 besteht er im zweiten Anlauf das Jura-Examen. Durch seinen Militärpass sind wir über Prousts äußere Gestalt informiert: 1,68 m groß, braunes Haar, dunkelbraune Augenbrauen, braune Augen, ovale Gesichtsform.

Früh auch beginnt Proust sein mondänes Leben. Geneviève Bizet, die Mutter von Jacques, in zweiter Ehe mit dem Anwalt Émile Straus verheiratet, lädt ihn in ihren Salon ein, in dem sie die Größen aus Kunst, Literatur, Politik, Militär und Finanzwelt sowie den Adel des Faubourg Saint-Germain empfängt, und bleibt eine lebenslange Freundin. Proust besticht durch seine tadellosen Umgangsformen, seinen Charme und seinen Geist, macht zahlreiche Bekanntschaften und weiß die Verbindungen zu nutzen. Er erhält Zutritt zu weiteren Salons, den von Madame Arman de Cavaillet etwa, die später die Mätresse von Anatole France wird, den von Madeleine Lemaire, zusammen mit anderen das Vorbild für die Madame Verdurin der *Suche*, den der Princesse Mathilde, Tochter von Jérôme Bonaparte, den der italienischstämmigen Gräfin Potocka und anderen.

Bei Madame Lemaire lernt er 1894 den Komponisten und Klaviervirtuosen Reynaldo Hahn kennen. Hahn, 1874 in Caracas geboren, stammt aus einer Hamburger Kaufmannsfamilie. Sein Vater war nach Venezuela ausgewandert, hatte es dort zum Berater des Präsidenten gebracht und war nach dessen Sturz 1878 mit seiner Familie nach Paris emigriert. Reynaldo besucht das Pariser Konservatorium und gilt bald als Wunderkind, als ein zweiter Mozart. Mit ihm verbindet Proust nach einer kurzen, heftigen Leidenschaft eine lebenslange Freundschaft. Proust ist da 23, Hahn 19. Er wird für ihn die wichtigste Person im Leben nach seiner Mutter. Außerdem macht er die Bekanntschaft des Literaten und Großdandys Robert de Montesquiou, der das Vorbild sowohl für den Baron de Charlus der *Suche* als auch für dessen Neffen Robert de Saint-Loup abgibt.

Alles, was Proust sieht und erlebt – die unbeschwerten Kindheitstage, die Aufenthalte in den Seebädern, die Landschaften und die Bekanntschaften, die Gärten von Auteuil und Illiers, die mondänen Empfänge und Soiréen – wird in veränderter, vielfach vermittelter Form in der *Suche* wieder auftauchen. Sie ist ein gigantisches Werk der Erinnerung. Der Schlüssel dazu ist die »mémoire involontaire«, die unmittelbare Erinnerung, die ein nicht vom Intellekt gesteuertes Erinnern und Wiedererleben ermöglicht.

Proust selber hatte diese Erfahrung ein erstes Mal Anfang Januar 1909 gemacht, als ihm ein Stück Zwieback in seinen Tee fiel und über dessen Geschmack plötzlich längst vergangene Zeiten emporstiegen, als wären sie gegenwärtig. Das wird zu der Madeleine-Szene in *Auf dem Weg zu Swann* führen (eine Madeleine ist ein Sandteiggebäck in Form einer Jakobsmuschel), einer der berühmtesten Szenen der Weltliteratur, und ein ähnlich geartetes Erlebnis im letzten Band zu dem Entschluss, den Roman zu schreiben, der in dem Moment schon über 3000 Seiten weit gediehen ist. Die »mémoire involontaire« ist der Schlüssel zur Vergangenheit und damit auch der Schlüssel zum Werk.

Proust selber hat seinen Roman als einen gewaltigen Kathedralbau bezeichnet, und Generationen von Forschern haben sich damit beschäftigt, diese Kathedrale bis in den letzten Winkel auszuleuchten – wobei immer weiter neue Entdeckungen gemacht werden. Die Forschung hat natürlich auch alles, was Proust vor der *Suche* geschrieben hat,

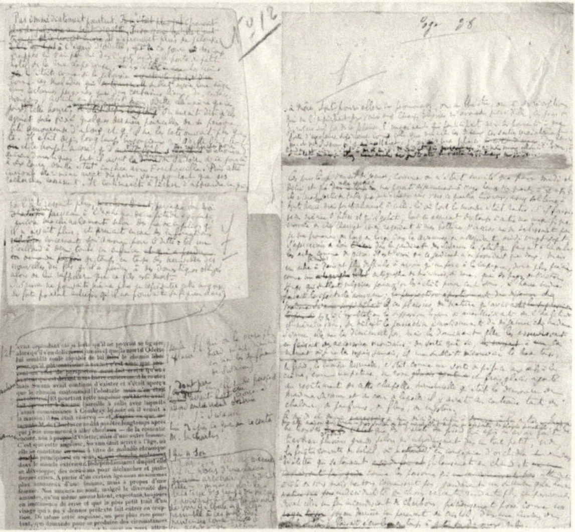

Von Proust korrigierte Seite aus *À l'ombre des jeunes filles en fleurs* – Coll. privée / Musée des lettres et manuscrits, Paris

genau untersucht. Das sind sehr interessante Sachen, aber angesichts des Hauptwerks verblassen sie zum Rang bloßer Vorarbeiten.

1910 gibt er sein mondänes Leben auf und zieht sich in seine Wohnung am Boulevard Haussmann zurück, wo er die meiste Zeit schreibt, im Bett, nachts. Die Wohnung verlässt er kaum noch. Reynaldo Hahn ist sein Auge und sein Ohr, besucht Oper, Theater, Ballett, Ausstellungen und erstattet ihm Bericht. Im Mai 1922 kommt es bei einem Essen zur Begegnung mit James Joyce, dessen *Ulysses* gerade erschienen war. Joyce ist schon ziemlich angetrunken, als Proust eintrifft. Die beiden haben sich wenig zu sagen. »Proust wollte immer nur von Herzoginnen reden«, berichtet Joyce, »während ich mich mehr für ihre Zimmermädchen interessierte.« Im Oktober dann schreibt er in einem Brief, er habe auf Empfehlung des Gastgebers die ersten beiden Bände von »À la Recherche des Ombrelles Perdues par Plusiers Jeunes Filles en Fleurs du côté de chez Swann et Gomorrhée et Co. par Marcelle Proyce and James Joust« gelesen.

Da ist Proust schon nicht mehr am Leben. 1913 war der erste Band der ursprünglich auf zwei, dann drei Bände angelegten *Suche* erschienen (die schließlich sieben Bände umfassen sollte), auf Kosten des Autors; mehrere Verlage hatten das Manuskript abgelehnt. Die letzten drei Bände werden erst nach seinem Tod veröffentlicht. Aber Proust hat sein Werk beendet. Zu Beginn des Frühjahrs 1922 sagt er eines Morgens zu seiner Haushälterin Céleste Albaret, er habe nun das Wort »Ende« unter den Roman gesetzt. In jenem Oktober erkrankt er an einer Bronchitis, aus der eine Lungenentzündung wird. Am 18. November stirbt er. Reynaldo Hahn teilt der damals führenden Tageszeitung *Le Figaro* per Rohrpost mit: »Es ist meine Pflicht, Ihnen zu melden, dass unser lieber Marcel Proust heute Abend um halb 6 entschlafen ist.«

Un baiser ist ein Vorabdruck aus Band III der *Suche nach der verlorenen Zeit* (*Der Weg nach Guermantes*, S. 467–500 in der Übersetzung von Bernd-Jürgen Fischer, Reclam 2014) und erschien zuerst im Februar 1921 in der *Nouvelle Revue Française* (*Le Côté de Guermantes* erschien dann im Oktober als Buch). Wer genau hinsieht, wird bemerken, dass es zwischen dem Text in der *Nouvelle Revue Française* und dem im Buch einige Abweichungen gibt. Proust pflegte seine Texte bei der Korrektur weiter zu überarbeiten; die Abbildung auf Seite 93 gibt einen Eindruck davon.

In der Novelle klingen zahlreiche Themen der *Suche* an: die Zögerlichkeit des Erzählers vor allem in Liebesdingen, die Unmöglichkeit, von einer anderen Person ein klares, feststehendes Bild zu gewinnen, die Ausweitung des Geschilderten in die Bereiche von Kunst, Literatur, Geschichte und vor allem in die Erinnerung an Vergangenes und in die Vorstellung von Zukünftigem: Zeit ist bei Proust niemals nur der gegenwärtige Moment, sondern erstreckt sich über die gesamte Lebensdauer, über Erinnertes, Berichtetes und darüber hinaus. Die Suche nach der verlorenen Zeit mündet am Schluss in die Aufhebung jeglicher zeitlichen Begrenzung. Fast alle zentralen Gestalten des Romans werden in der Novelle erwähnt, allen voran Albertine, die in den Bänden IV–VI die beherrschende Rolle spielt. – Ausführlichere Angaben zu Orten und Personen und zu ihren Verbindungen im kommentierten Namenverzeichnis, S. 69 ff.

Inhalt